U0806964

江苏名镇

响水镇志

响水县响水镇志编纂委员会
江苏省地方志工作办公室
编著

JIANGSU FAMOUS TOWN

ANNALS OF XIANGSHUI TOWN

南京出版传媒集团 南京出版社

图书在版编目（CIP）数据

江苏名镇. 响水镇志 / 响水县响水镇志编纂委员会, 江苏省地方志工作办公室编著. -- 南京 : 南京出版社, 2024.12. -- ISBN 978-7-5533-5236-7

Ⅰ. K925.35

中国国家版本馆 CIP 数据核字第 20255CW170 号

书　　名	江苏名镇·响水镇志
作　　者	响水县响水镇志编纂委员会 江苏省地方志工作办公室
出版发行	南京出版传媒集团 南 京 出 版 社
社　　址	南京市太平门街53号
邮　　编	210016
联系电话	025-84515971、83283897（发行）　025-83283866（镇村志编辑部）
策划统筹	杨传兵
责任编辑	程　瑶
责任印制	杨福彬
装帧设计	良在设计
排　　版	南京凯德印刷有限公司
印　　刷	南京凯德印刷有限公司
开　　本	787毫米×1092毫米　1/16
印　　张	14.25
字　　数	198千字
版　　次	2024年12月第1版
印　　次	2024年12月第1次印刷
书　　号	ISBN 978-7-5533-5236-7
定　　价	98.00元

江苏名镇名村志 总序

江苏人文荟萃，文化底蕴深厚，享有“方志之乡”的美誉。历代志书不仅数量众多，良志辈出，而且镇村志编修也十分发达。仅明清两代，江苏就有镇村志239种，为全国仅有。党的十八大以来，地方志事业进入新的发展阶段。根据《国务院办公厅关于印发全国地方志事业规划发展纲要（2015—2020年）的通知》对镇村志工作提出的新要求，2016年12月，省政府办公厅发文，启动全省名镇名村志编修。这是江苏镇村志编修的新的里程碑。

习近平总书记强调，乡土文化的根不能断。乡镇村庄是中华传统文化的根基，积淀了中华民族灿烂的农耕文明，见证了千百年来社会的发展变迁，寄托无数华夏儿女的乡愁记忆。江苏现有国家级和省级历史文化名城16座、历史文化名镇39个、历史文化名村18个、中国传统村落33个、历史文化街区99处。国家级历史文化名城、名镇和中国历史文化街区的数量均名列各省区首位。在这片肥沃的土地上，江苏人民世代躬耕劳作，留下了数量众多的名镇名村，催生了丰富多彩的乡土文化。有“人家尽枕河”的江南小镇，也有“两面云山一面湖”的淮海胜境；有“水光翻动五湖天”的自然景致，也有“听取蛙声一片”的农家村落。这些名镇名村所蕴含的优秀乡土文化，是中华传统文化的重要组成部分。

党的十九大提出乡村振兴战略。这是美丽乡村建设的关键举措，也是传承发展传统文化的有效途径。截至2018年底，我国常住人口城镇化率达59.58%，江苏达到69.61%。千百年来“暧暧远人村，依依墟里烟”的乡村中国，正在经历着人类历史上规模最大、速度最快的城镇化进程。如何处理好传统与现代、继承与发展的关系，如何把记忆留住、把乡愁留下，是摆在我们面前的一道必答题。江苏以高度的历史责任感，出台保护名镇名村的政策法规，探索保护名镇名村的路径方法，为社会经济发展留下文化根脉，让子孙后代望得见山、看得见水、记得住乡愁，众多名镇名村得到有效保护，不少名镇名村驰名中外，许多有益的探索弥足珍贵。这些可圈可点的江苏经验，是一笔不可多得的宝贵财富。

“直笔著信史，彰善引风气，为当代提供资政辅治之参考，为后世留下堪存堪鉴之记述。”省地方志办公室组织编纂的“江苏名镇名村志”丛书，旨在通过权威的地情资料，以突出“名”“特”的志书表达方式，记录名镇名村的前世今生，展示名镇名村的文化魅力，推介名镇名村的品牌价值，让乡愁记忆有所承载，让家国情怀有所寄托，为乡村振兴战略提供人文关怀，为新型城镇化建设提供历史智慧。

省地方志办公室坚持理念创新，引领工作创新，创造性地以编纂全媒体志书的思路指导“江苏名镇名村志”丛书的编纂。不仅积极抢救保存传统的村镇文化，更着眼未来，把宣传推介村镇文化、服务乡村振兴战略作为志书的重要使命，让名镇名村志成为当地名片。不仅如实记录名镇名村发展的历史，更适应当代记录手段的多样化，采用时尚图书的做法、按照最美图书的标准，改变以文字记录为主的传统方式，把音视频、图片与文字等量齐观，让读者在有限的时间和空间内获取最大的信息量，使名镇名村志从无声变成有声，从平面成为立体，从静态变为动态，真正为人民群众所喜闻乐见。

“君自故乡来，应知故乡事。”每一部志书，记载的都是一方水土上的人和事，都是一方人民的精神家园。希望大家在打开“江苏名镇名村志”，品读一个个鲜活的乡村故事的时候，努力地去触摸民族精神的灵魂，在深切感受历史文化气息和爱国爱家情怀的过程中，涵养文化自信的根基。

谢润盛

2020年8月

序

盛世修志，是中华民族的优良传统，是中华优秀传统文化的组成部分。经过编者辛勤努力，数易其稿，响水镇第一部镇志终于付梓面世，这是全镇人民生活中的一件大事，可喜可贺！

响水镇是一片年轻的土地。因黄河夺淮，海岸线不断东移，历经700余年，泥沙淤淀成陆。元明时期，响水镇先民以煮盐捕鱼为生。随着人口聚集，逐步形成小集市。清乾隆年间称“吴集”，后称“浣渎”，嘉庆年间改称“响水口”。中华人民共和国成立后，人民告别了苦难和战乱，安居乐业，特别是改革开放后，城乡一体化发展日新月异，群众过上了幸福小康的生活，响水镇一步步发展为一个经济繁荣富庶、社会文明和谐的现代城镇。

响水镇是一片红色的沃土。抗日战争时期，响水镇是新四军第3师可靠的后方，响水镇人民大力支援配合人民军队对敌斗争；在淮海战役中，响水镇人民踊跃参军支前；抗美援朝期间，响水镇人民保家卫国血洒万里疆场。为了全中国的解放事业和新中国的建设事业，响水镇有65名英雄儿女献出了宝贵生命，一座座丰碑铭刻着永恒的红色记忆，滋养着响水镇人民发奋图强、勇于拼搏、艰苦创业的家国情怀和精神面貌，激励着响水镇人民在新的时代不忘初心、担当作为、砥砺前行。

响水镇是一片创业的热土。改革开放后，响水镇不断优化营商环境，拓展招商选资空间，通过农民创业园建设，先后引资签约12个项目入园。农民创业园被江苏省发展和改革委员会、中小企业管理局联合授予江苏省中小企业科技创新示范基地。苗寨村境内中小企业创业园初具规模，已建成标准化厂房13.6万平方米，2023年，入园企业已有17家，其中规模以上企业10家，年开票销售2.45亿元。全镇主体经济发展进入快车道，已形成纺织、服装、传动件加工，医药及医疗防护用品，食品加工，汽车零部件生产等五大工业门类，发展势头强劲，前景广阔。响水镇正以独特的区位优势，热情的怀抱迎接八方客商投资兴业，大展宏图。

响水镇是一片绿色的净土。响水镇坚定不移地贯彻“绿水青山就是金山银山”的理念，加快形成节约资源和保护环境的空间格局、产业结构、生产方式和生活方式，推动形成人与自然和谐发展的现代化建设新格局。21世纪以来，响水镇加大美丽乡村建设力度，通过实施“五河片区”综合开发，持续开展农村人居环境整治行动，还老百姓蓝天白云、繁星闪烁，还老百姓清水绿岸、鱼翔浅底，为老百姓留住鸟语花香、田园风光。推行“河长制”，对所有河道进行集中综合治理，实行长效保洁。全镇森林覆盖率31.6%以上，城南居、五河居、潘庄村、苗寨村林木覆盖率35%以上，被评为省级森林村庄。小浦大棚蔬菜不仅丰富了城乡居民的“菜篮子”，还让居民充实了“钱袋子”。潘庄村赤穗梨通过农业农村部有机食品认证中心（南京）认证，每年一度的“梨花节”更是通过“文化搭台，产业唱戏”，有力地带动了当地生态文旅产业，促进了乡村振兴。

《江苏名镇·响水镇志》全面反映了响水镇百年来地理、政治、经济、文化、风俗、人物等方面的基本情况，真实地记述了响水镇的昨天与今天，既是领导干部研究工作和决策的参考书，又是外地客商了解镇情民俗的工具书，更是本镇爱国爱乡教育的生动教材。《江苏名镇·响水镇志》的出版，必将对今人与后世有所借鉴、启迪与鼓舞。

欣逢盛世，在习近平新时代中国特色社会主义思想的指引下，响水镇人民将再接再厉，接续奋斗，再创辉煌，用勤劳的双手和聪明的智慧，把我们的家园建设得更加美丽，让明天的生活更加幸福！

值此《江苏名镇·响水镇志》付梓之际，谨以此为序。

中共响水县响水镇委员会书记　彭加锦

2024年11月

江苏名镇名村志编纂委员会

主　　　任　谢润盛

常务副主任　左健伟

副　主　任　桑　荟　刘立军　肖延川　金　文　朱新华
姚文中

成　　　员　姜巧玲　接玉松　艾新建　柯善学　乐　江
姜荣芳　陆瑞萍　许　军　张　波　李炜冰
卜兴荣　张士林　李　军

编委会办公室　宫冠丽　徐彩霞　黄　静　尤　岩　何　磊
郭家旭

《江苏名镇·响水镇志》编纂委员会

主　　任　彭加锦

副 主 任　何劲松　吴恒杰

委　　员　顾成华　罗　霄　肖立友　陈　军　张德科　潘子静
吉亚林　刘飞虎　徐　杰　王建华　罗时海　孟天鸣
翟华西　杨冠洲

《江苏名镇·响水镇志》编辑部

主　　　编　王志迁

副　主　编　王建华　朱　邈

编　　　辑　董青春　于和风　李守卓

摄　　　影　龚成功　王诗豪　高圣峰　李守卓　周永虎　吴丽娟

业务指导　桑　荟　宫冠丽　尤　岩　王海燕　赵　丽　潘其锐

终审单位　盐城市地方志编纂委员会办公室

终审人员　时觉非　傅　强　臧秀娟

验收单位　江苏名镇名村志编纂委员会办公室

验收人员　陈　红　姚　震　尤　岩

批准出版单位　江苏名镇名村志编纂委员会

凡例

一、本志以马克思列宁主义、毛泽东思想、邓小平理论、“三个代表”重要思想、科学发展观、习近平新时代中国特色社会主义思想为指导，坚持辩证唯物主义和历史唯物主义的立场、观点和方法，存真求实，客观记述响水镇发展的历史与现状，发挥名镇名村志记录历史、传承文明、服务乡村振兴、激发爱国爱乡情怀的独特作用。

二、本志记述上限溯及事物发端，下限至2023年年底。记述内容详今明古，侧重反映时代特色和地方特点，体现名镇名村的“名”与“特”。

三、本志记述地域范围以镇志编纂下限年份所辖境域为主。

四、本志人物部类遵循“生不立传”原则。人物传略记载已故人物，名人履痕收录有影响的客籍人物在本地的活动片段。

五、本志计量单位和数字的使用，执行国家标准《国际单位制及应用》（GB3100—1993）和《有关量、单位和符号的一般原则》（GB3101—1993）以及《出版物上数字用法》（GB/T15835—2011）。原则上使用法定计量单位。“亩”“斤”等仍按社会习惯沿用旧制，不作换算。个别古代计量单位加注说明。

六、本志清及以前的纪年使用朝代年号纪年，括注公元年份，1912年1月1日起使用公元纪年。

七、本志数据以政府统计部门的发布为准。统计部门未提供的，以主管部门正式提供的数据为准。

八、本志文中所述的“解放前（后）”，以1948年4月6日响水地区解放日为界。“中华人民共和国成立前（后）”，以1949年10月1日为界。文中未注明世纪的年代，均为20世纪的年代。

九、本志正文的相关位置设有“二维码”，可扫码进行拓展阅读。

响水镇在江苏省的位置示意图

审图号：苏J（2022）16号

响水镇行政区划图

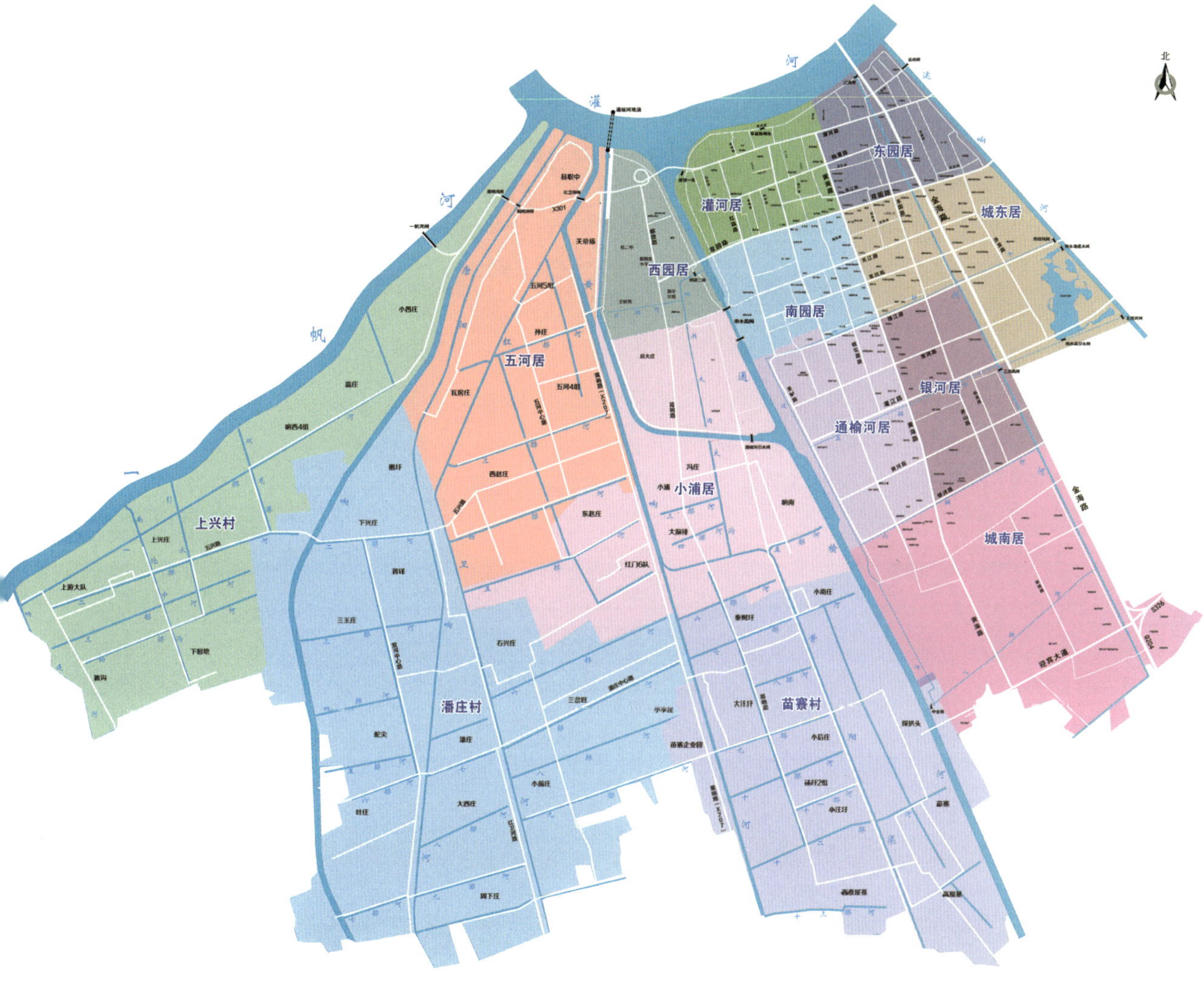

审图号：苏J（2022）16号

通榆河闸（2020年5月）　　王诗豪摄

通榆河风光（2020年8月）　　王诗豪摄

目　录

清风广场（2023年5月）　　王诗豪摄

响水镇赋

王志迁

天风浩浩，沧海茫茫，开山峰起，灌水浪狂。云卷云舒，重峦叠嶂呈千寻影巨；潮消潮涨，跌水訇鸣现十里声庞。吴集称废，响水名扬。地于三市边缘，昔时辖区无定；界以两河原始，新政建置有常。县以镇名，人地两旺。东临浩海，西毗灌南，犹似画图屏展；北依灌水，南濒淮河，宛如玉带边镶。河渠网结，阡陌棂张。小镇勃兴，东风浩荡。人超十万众，地达卅里长。聚天地之灵气，淮河荡荡；凝日月之精华，灌水泱泱。

神奇海甸，魅力灌江。西游记载，家住灌口二圣帝；民间传说，地撑铁船王彦章。虽为神奇怪诞，但非虚幻荒唐。长虹焕彩，锦弥四野；群鲸戏水，西行百里；巨舸劈波，东下五洋。响水湖，水碧映层层倩影；盛世鼎，世清流灿灿金光。骑兵碑石，烈士塔廊。放喉可歌可泣，扼腕可叹可丧。

一开天地，几度沧桑。想洪荒年久，忆斯地海沧。海客依船舰而迁贸，响城凭枢纽以经商。四时繁茂，一片隆昌。宋逢黄水夺淮，沙十堆门前高岭；明遇洪武赶散，茅棚现雨后新篁。事农而归田亩，从渔而近河浜。狩猎而奔荒漠，经营而下潇湘。战祸频添苦痛，黎民屡受灾殃。解放响水口，新四军四进三出；歼灭日伪顽，张爱萍百计千方。日日含辛茹苦，时时饿肚饥肠。改革风吹，承包势昂。社会太平基奠，市场开放础夯。脱贫齐举，致富共襄。

钟灵毓秀，起凤飞凰。代生俊彦，辈出栋梁。左联作家孙石灵，涤瑕荡垢；学运领袖陈伟达，挈领操纲。国画大家史宏贵，画坛旗展；道德模范王得付，江浙鼎扛。不忘老区，韩（培信）书记心存黎庶；助人为乐，王（剑）“好人”争誉家乡。衮衮贤才，比肩拼搏；莘莘学子，接力飞扬。赴京都，淮海戏推开老调；获金奖，说媒剧唱出新腔。榜样无愧杰出，典型永葆优良。

自然生态，特产琳琅。天蓝水绿，鳞泳羽翔。风劲花枝曳院，月明树影摇窗。县树特钟银杏，城街广植香樟。无公害生态引路，有环保示范领航。海珍精蕴，农产昂藏。四鳃鲈鱼，肉鲜口爽；虾婆呈席，味美齿香。生炝白条虾，鲜活肉嫩；煎烹梭子蟹，惊艳红黄。开洋虾米，素荤皆配；红薯粉丝，老幼适肠。中华绒毛蟹，嫩如炖蛋；潘庄赤穗梨，甜似酥糖。小麦、水稻，高产同秀；玉米、黄豆，绿色偕臧。海鲜名世，招客品尝。物产丰饶，不可蠡量。

新204国道（2023年5月）　王诗豪摄

潘庄村赤穗梨花（2023年5月）　　王诗豪摄

各行奋进，百业腾骧。政惠三农换貌，党恩百姓飞觞。齐描远景，东领跑灌河争冠首；同绘蓝图，北抬头盐阜创辉煌。谋猷，智于跨越；躬行，勇于担当。忠心赤胆，千难尽退；清风正气，万险皆降。引凤频频落户，选商屡屡围场。旧城拓展，如云出岫；新域铺开，似马飞缰。改体制，调结构，升级转型壮阔；聚人才，尚科学，节能增效慨慷。

革故践行，雄心似铁；创新驱动，意志如钢。工农商贸，金融财税，齐驱志遂；科教文卫，信息水电，并驾愿偿。生态示范村，由己倾心造势；国家生态镇，令人刮目端详。幸福年华如意，和谐社会吉祥。与时俱进，民爱响水齐奋发；向善同追，国圆绮梦共炎凉。

歌曰：灌水奔腾兮神韵彰，政通人杰兮舞霓裳。

创新发展兮宏图展，改善民生兮唱辉煌。

作者系：中国出版协会年鉴工作委员会学术委员

方志出版社志鉴编纂专家

江苏省地方志学会理事

县城航拍（2020年2月）　龚成功供

镇情概览

响水镇位于江苏省盐城市北部，响水县西北部，北纬34° 11′ 39"—34° 12′ 29"，东经119° 34′ 42"—119° 37′ 31"。东临沈海高速，与响水经济开发区接壤；南临响水县小尖镇中舍、徐洪、毕圩村；西以一帆河为界，与灌南百禄镇周响村、三口镇康渡村相连；北倚灌河，与灌南县田楼镇隔河相望。地势南高北低，河网纵横，排灌系统完善，四季分明，气候温润，植被丰茂。从灌河岸边小小集市渐变成苏北新兴城镇。商业、服务业、运输业方兴未艾，医疗卫生、文化教育、广播电视事业飞速发展，这里宜居宜业，生活便捷。人声鼎沸处，是滨江路商业街和欧亚风情街；春风得意时，有浪漫响水湖和东鸣湖相伴。响水镇党委、政府正以新发展理念为引领，做实乡村振兴战略新高地，构建强化基层治理新模式，奋力打造盐城贯彻新发展理念的镇域样板！

历史沿革

镇名由来

相传南宋之前，古淮河自桐柏山至黄圩镇云梯关独流入海，响水镇境内一片汪洋。宋高宗建炎二年（1128），黄河夺淮之后，因黄水长期泛滥，裹带大量泥沙向海推进，700余年间，海岸线不断东移，此地逐渐淤淀成陆。地处灌河南岸，古称明口。元、明时期，响水镇系一般村庄，先民以煮盐和捕鱼为生，随着人口聚集，逐步形成小集市。明代属浣渎盐坊，清乾隆年间称吴集，属海州浣渎镇管辖。因北依灌河，河床陡深，潮涨潮落，潮差大，支流跌水訇鸣，数里之外皆闻水响，故嘉庆年间改称响水口。

人口状况

1966年，全镇人口2.13万人。1997年6月，响南乡12个村并入响水镇，响水镇由下辖3个居委会扩大到8个居委会、12个村，人口6.57万人。随着县城快速开发，吸纳大量常住人口，经过数次区划调整，2023年2月，响水镇下辖灌河、通榆河、东园、南园、西园、城东、城南、银河8个社区，小浦、五河2个居，苗寨、潘庄、上兴3个村。

因开发时间和经济发展水平差异，响水镇人口分布由东西向中间集中。2023年，响水镇人口总数14.69万人。其中，95岁以上56人、百岁以上11人。辖区内驻城社区人口密度为每平方千米462.1人。

表 1

2023 年响水镇百岁老人一览表

序号	姓名	性别	出生年月	住　址
1	仰玉珍	女	1923 年 6 月	灌河社区
2	张　群	女	1924 年 8 月	灌河社区
3	黄立贵	男	1920 年 11 月	通榆河社区
4	陈广英	女	1921 年 1 月	通榆河社区
5	李秀英	女	1922 年 3 月	通榆河社区
6	朱凤英	女	1921 年 1 月	东园社区
7	张开宝	男	1924 年 11 月	东园社区
8	宋张氏	女	1924 年 1 月	南园社区
9	张玉才	男	1923 年 12 月	小浦居
10	李陈氏	女	1924 年 11 月	小浦居
11	任秀芳	女	1924 年 7 月	潘庄村

建置区划

建置

相传元、明时期，苏州阊门有人移居此地煮盐、捕鱼。清乾隆年间，称为吴集；嘉庆年间，易名响水口，属海州浣渎镇。清宣统三年(1911)，隶属于东海县。1912年，属灌云县。1913年，为响水口市；后更名响水区，因排序第五，又称为灌五区。1940年10月，属涟灌阜边区办事处第四区、第五区。1942年5月，属滨海县第三区、第四区。1945年3月，为响水区；10月，从响水区中划出，建立响水市。1946年6月，撤销响水市，其管辖范围仍归响水区。1948年12月，建立响水办事处，属滨海县，辖统一镇、迴南镇、响水镇。1949年11月，滨海县、阜东县合并，成立新的滨海县，属响水区。1958年10月，为响水跃进人民公社。1959年3月，更名响水人民公社。1960年4月23日，划属灌南县管辖。1962年10月，置响水镇，隶属于灌南县。1965年9月，划归滨海县。1966年4月，为响水县县属建置镇、县人民政府驻地。2001年6月，响南乡并入响水镇。

区划

响水镇的区划从明末清初至20世纪70年代末的400多年间基本稳定，只有建置名称的变更，行政区划面积变动甚微。1988年初，辖响东、响中、响西3个居及南园、西园2个村23个组，人口2.43万人。1997年6月，县委、县政府将原响南乡管辖的五河村、响西村、上兴村、双河村、潘庄村、汪圩村、苗寨村、响南村、小浦村、东园村、三村村、洪圩村12个村划归响水镇。1998年6月，响水镇三村村更名为城南居，东园村更名为东园居。2000年8月至2001年6月，撤销响西村、双河村、汪圩村、响南村、长江居、葛庄村、洪圩村、幸福居、大桥居。2001年6月，响南乡整体并入响水镇，东风居、金湾居、灌江居和葛庄村划归响水镇管辖，镇域面积7280公顷。是年，响西村并入上兴村，双河村并入潘庄村，汪圩村并入苗寨村，响南村并入小浦村，长江居、葛庄村合并为城东居，大桥居并入东园居，幸福居并入南园居。2006年7月，响水县委、县政府将隶属响水镇管辖的葛庄村和东风居、金湾居、灌江居划归响水经济开发区管辖。2013年，经响水县委、县政府批准，县城西郊的五河、小浦2个村先后撤村建居，全镇形成了6个社区、2个城郊居、3个行政村的区划格局。2021年9月，响水县人民政府批准同意响水镇城市社区行政区划调整请示。2023年2月，响水镇实行区划调整，将城南社区划为城南社区、银河社区、通榆河社区。区划调整后响水镇下辖灌河社区、通榆河社区、东园社区、南园社区、西园社区、城东社区、城南社区、银河社区8个社区，小浦居、五河居2个居，苗寨村、潘庄村、上兴村3个村，辖区面积4286公顷。

社区、居、村

灌河社区

灌河社区位于灌河南岸，是响水口的发源地。东至黄海路，西至民便河（通榆河），南至双园路，北枕灌河。2023年，总面积136公顷，总户数5713户，总人口1.58万人。现有党员192名，其中女性38名。设1个党总支委员会，3个党支部委员会（黄海党支部委员会、灌河党支部委员会、迴南党支部委员会）。

1913年，响水口称响水口市。1914年，响水口市属灌云县所辖，后改为响水区。1945年，侵华日军投降后，响水口重建市制，下设13个乡、3个镇、1个工会。后来3个镇改为响东街道、响中街道、响西街道3个街道。1954年，《中华人民共和国城市居民委员会组织条例》颁布实施，3个街道改为响东居、响中居、响西居3个居。“文化大革命”时，3个居改为东风居、向阳居、红星居。1966年，响水人民公社改为响南人民公社。响水镇人民政府下设3个街道、1个村。1983年5月，实行乡、村制，改为3个居和2个村。3个居即响东居、响中居、响西居，2个村是南园村、西园村。1997年6月，响南乡部分村划归响水镇，原响东居、响中居与南园村1组、2组、3组、7组合并，成立灌河居。2003年春，灌河居改为灌河社区。2023年2月，响水镇区划调整，灌河社区向南扩至双园路。

2007年6月，灌河社区被评为盐城市党建工作示范社区；2015年，被评为江苏省妇女儿童之家；2020年，被评为盐城市网格化先进社区。

通榆河社区

通榆河社区位于珠江路南、黄海路西、银河路北、通榆河东。2023年2月，从城南社区划出部分成立通榆河社区。2023年，总面积181公顷，总户数7456户，总人口2.85万人。现有党员230名，其中女性74名。设1个党总支委员会，6个党支部委员会（老年党支部委员会、桃园党支部委员会、御景党支部委员会、清泉党支部委员会、亚美党支部委员会、桃花源路党支部委员会）。

通榆河社区因位于通榆河畔得名。社区下辖桃园滨河、亚美国际、清华园、泰华御锦、润生广场、御锦豪庭、阳光雅居、阳光新园、浦江花园、水岸桃园、滨河学府、城南新村12个居住小区。

2023年，通榆河社区获评盐城市特色夜市街区。

东园社区

东园社区位于灌河南岸，东至运响河，南至双园路，西至黄海路，北枕灌河。2023年，总面积137公顷，总户数2985户，总人口8345人。现有党员346名，其中女性72名。设1个党总支委员会，5个党支部委员会（国道党支部委员会、大桥党支部委员会、沿河党支部委员会、滨江党支部委员会、化建轻党支部委员会）。

东园社区历史上就是几个自然村庄，中华人民共和国成立后，为了纪念革命烈士方明，将此地设为响水区方明乡。1958年，方明乡改为方明生产大队。1959年，方明生产大队改称三合大队。1966年，三合大队改为红旗大队。1983年，红旗大队改为东园村。1997年6月，划归响水镇管辖。1998年，东园村改为东园居，并将东园居一分三，成立3个居，即东园居、大桥居、长江居。2000年，东园居与大桥居合并，成立东园社区。2023年2月，响水镇区划调整，城东社区将滨江路以南、双园路以北划归东园居管辖。

2004年，东园社区获评盐城市先进村居。2006年，获评江苏省民主法治示范社区。2011年，获评江苏省示范社区。2017年，获评盐城市统计示范单位和市绿色社区。2018年，获评盐城市三八红旗集体和省统计千佳单位。2020年，获评盐城市最美志愿服务社区。

南园社区

南园社区位于双园路南、黄海路西、珠江路北、通榆河东。2023年，总面积123公顷，总户数6749户，总人口1.91万人。现有党员245名，其中女性90名。设1个党总支委员会，3个党支部委员会（红旗党支部委员会、华园党支部委员会、幸福党支部委员会）。

南园历史上被称为“园上”，主要以种植蔬菜为主。侵华日军占领响水口时，建围门称围外。1953年秋，成立响水镇蔬菜初级社，围外成立2个蔬菜队，隶属响水区方明乡东园蔬菜队和南园蔬菜队。1957年，成立南园高级社。1961年，将围里、围外合并成立南园蔬菜大队。1983年5月，南园大队改为南园村。1997年，南园村响灌路以北的1组、2组、3组、7组，划归灌河居。2000年，南园与幸福小区合并，成立南园居。2003年，南园居改为南园社区。2023年2月，响水镇区划调整，南园社区双园路以北部分划归灌河社区，同时，将城南社区珠江路以北部分划归南园社区。

2008年，南园社区获评盐城市先进示范社区。2011年，获评江苏省和谐社区建设示范社区和盐城市先进基层党组织。2012年，获评江苏省示范妇女儿童之家和盐城市民主法治村。2015年，获评江苏省民主法治示范社区。2016年，获评江苏省平安家庭创建活动示范社区（村）。2017年，获评盐城市绿色社区。2023年，获评盐城市级平安民主法治示范村。

西园社区

西园社区东至通榆河，南至长江路西延，西至黄响河（通榆河引河），北枕灌河。2023年，总面积139公顷，总户数2389户，总人口6432人。现有党员83名，其中女性18名。设1个党总支委员会，2个支部委员会（解放路党支部委员会、西园小区党支部委员会）。

1974年，响南人民公社响南大队划出4个生产队，成立西园蔬菜大队。1983年，西园蔬菜大队改为西园村。1997年，因开挖通榆河，西园村与响西居合并成立西园居。2003年，西园居改为西园社区。2023年2月，响水镇实行区划调整，将小浦居长江路以北划归西园社区，西园社区原长江路以南划归小浦居。

2015年，西园社区获评江苏省妇女儿童之家。2016年，获评江苏省民主法治示范村。2017年，获评盐城市最美志愿服务社区。2018年，获评江苏省统计千佳单位。2019年，获评盐城市文明社区。2022年，获评盐城市平安民主法治示范村。2023年，获评盐城市文明社区。

城东社区

城东社区东至运响河，南至珠江路，西至黄海路，北至双园路。2023年，总面积201公顷，总户数3597户，总人口9964人。现有党员255名，其中女性74名。设1个党总支委员会，4个党支部委员会（东苑党支部委员会、黄海党支部委员会、长江党支部委员会、双园党支部委员会）。

社区辖16个小区：东园小区、东苑小区、新东苑小区、嘉源小区、泽州小区、宏锦名座、金海家园、城东安置区、盛都华城、欧亚新城、华阳小区、时代家具城、大湖富邦、浙江商贸城、水榭阳光、财苑小区。

城东社区原系响南乡红旗大队的一部分，由李老庄、三合庄等自然村庄组成。1997年6月，东园村划归响水镇。1998年，东园村一分三，成立东园居、大桥居、长江居。2001年，长江居与葛庄村合并，成立城东社区。2002年，响水镇政府启动建设响水镇工业集中区，城东社区原有40公顷耕地被全部划转，成为无耕地社区。响水迎宾馆、华阳商贸城、海宁皮革城、华都不夜城等商超和单位先后入驻城东社区。

1998年，城东社区被盐城市命名为三产服务业发展示范社区；2006年，获评盐城市民主法治示范社区。2007年，获评盐城市社区商业示范社区。2008年，获评江苏省民主法治示范社区、江苏省充分就业社区。2012年，获评江苏省示范妇女儿童之家。2013年，获评江苏省和谐社区建设示范社区。2018年，获评江苏省农村电子商务示范村。2020年，被江苏省商务厅表彰为江苏省电子商务示范社区。2021年，获评江苏省数字商务试点社区。2022年，获评全国科普日活动优秀组织单位。2023年，获评盐城市五一巾帼标兵岗、盐城市三八红旗集体。

城南社区

城南社区位于银河路南、黄海路西、迎宾大道北、通榆河东。2023年，总面积422公顷，总户数428户，总人口1536人。现有党员60名，其中女性10名。设1个党总支委员会，2个党支部委员会（迎宾路党支部委员会、中心路党支部委员会）。

城南社区历史上称三家村，南部属响水区朐宏乡，北部属响水区方明乡，后又称三合村。1958年，属响水跃进人民公社。1959年，属响水人民公社。1960年，划归灌南县管辖，1965年，划归滨海县管辖。1966年，属响水县响南人民公社管辖。“文化大革命”期间，村里兴办小农场，后改为农场大队。1983年，改为三村村，仍属响南乡管辖。1997年6月，三村村划归响水镇管辖。2000年，三村村与洪圩村合并，成立城南居，总面积1260公顷。2003年，成立城南社区。2023年2月，响水镇区划调整，城南社区一分为三。珠江路南至银河路，成立通榆河社区；黄海路以东、银河路以北，成立银河社区。

2023年，城南社区获评盐城市文明社区。

银河社区

银河社区东至运响河，南至迎宾大道，西至黄海路，北至珠江路。2023年，总面积149公顷，总户数7400户，总人口3.06万人。现有党员199名，其中女性59名。设1个党总支委员会，5个党支部委员会（老年党支部委员会、淮河党支部委员会、天工党支部委员会、恒美党支部委员会、帝逸国际党支部委员会）。

2023年2月，响水镇实行区划调整，从城南社区析出部分，成立银河社区，因社区驻地设在银河路得名。

社区辖15个小区：帝逸国际、金色家园、碧桂园、天工锦绣、港电家园、新城雅居苑、恒美家园、百汇广场、中奥华府、金海湾、东方花园、华都丽锦、锦绣尚品、太阳园、邮政家属区。

2023年，银河社区获评盐城市特色夜市街区。

小浦居

小浦居东至通榆河，南与苗寨相邻，西至通榆引水河和黄响河，北至长江路西延。2023年，总面积445公顷，总户数2498户，总人口6983人。现有党员129名，其中女性21名。设1个党总支委员会，3个支部委员会（黄响路党支部委员会、解放路党支部委员会、响南党支部委员会）。

小浦居辖8个小区：金河小区、小浦新居、浦南小区、福祥小区、欧浦新村、清水湾小区、小浦安置区、锦城华府。

清朝乾隆年间，海州府沭阳一吕姓大户地主，家庭人口众多，部分人口到此落户，因紧靠灌河，被称作小浦庄。1958年，为响水跃进人民公社小浦生产大队。1966年，小浦生产大队划西小浦为五河大队、南小浦为响南大队，“文化大革命”期间，小浦大队改为红兵大队。1983年5月，改回小浦大队；同年，小浦大队改为小浦村。1997年6月，小浦村划归响水镇。2000年，响南村与小浦村合并称小浦村。2003年，小浦村改为小浦居。2023年2月，响水镇实行区划调整，将小浦居长江路以北划归西园社区，西园社区长江路以南划归小浦居。

五河居

五河居东与黄响河相邻，南与潘庄、小浦接壤，西与潘庄、上兴隔河相望，北与上兴、响西相连。2023年，总面积485公顷。总户数1220户，总人口2280人。现有党员66名，其中女性13名。设1个党总支委员会，2个支部委员会（黄响路党支部委员会、红卫河党支部委员会）。

1966年，小浦生产大队析为五河生产大队和响南生产大队，属响南人民公社管辖。1983年，五河生产大队更名为五河村。1997年6月，五河村划归响水镇管辖。2013年，撤村建居，五河村更名为五河居。因境内有红卫河、一帆河、佃响河、黄响河、唐响河5条河经过得名。

2008年，五河居获评盐城市生态村。2009年，获评盐城市文明村。2013年，获评江苏省党员干部现代远程教育示范站点。2015年，获评江苏省和谐社区建设示范社区。2016年，获评江苏省民主法治示范社区。2017年，获评全国综合减灾示范社区。2020年，获评江苏省特色田园乡村。2022年，获评盐城市乡村振兴先进集体。

苗寨村

苗寨村东至通榆河，南至迎宾大道，西至潘庄村、五河村，北至小浦居。2023年，总面积320公顷，总户数2338户，总人口4622人。现有党员93名，其中女性19名。设1个党总支委员会，3个支部委员会（芦笋党支部委员会、迎宾党支部委员会、园区党支部委员会）。

苗寨村

相传明清时期，此地一苗姓大户人家有地20多公顷，生活富裕。1946年，响水口解放，苗寨建村，隶属滨海县响水区朐宏乡，乡政府驻朐宏村。1954年，苗寨成立以村民徐桂生为首、苗姓人家为主的苗寨徐桂生第一互助组。1955年，成立苗寨农业初级社。1956年，成立苗寨农业高级社。1958年，因地处民便河畔，取名民便大队。1966年，民便大队析为2个大队，其中蔡屋基、探麦头2个生产队合并称为立新大队，大汪圩和小汪圩2个生产队合并为五星大队。1981年，立新大队更名为苗寨大队，五星大队更名为汪圩大队，属响南人民公社管辖。1983年，苗寨大队更名苗寨村，汪圩大队更名汪圩村，仍属响南乡管辖。1997年6月，苗寨村、汪圩村划归响水镇管辖。2000年，苗寨村、汪圩村合并，成立新的苗寨村，仍属响水镇管辖，名称沿用至今。

2021年，苗寨村获评盐城市清廉乡村。2022年，获评盐城市优秀退役军人服务站。2023年，获评江苏省优秀退役军人服务中心。

潘庄村

潘庄村东与苗寨村相连，南与小尖镇毕圩村、灌南县百禄镇周响村接壤，西与上兴村相邻，北与五河居相倚。2023年，总面积968公顷。总户数2578户，总人口7140人。现有党员127名，其中女性28名。设1个党总支委员会，3个支部委员会（红卫党支部委员会、大洋党支部委员会、双河党支部委员会）。

清朝时期，潘庄隶属海州府浣渎盐坊管辖。民国时期，潘庄村属响水口灌五区管辖。中华人民共和国后成立后，潘庄村以小乡建

苗寨村党群服务中心（2023年4月）　　王诗豪摄

潘庄党群服务中心（2023年5月） 王诗豪摄

置，管辖周边的上兴、潘庄等村。1954年，先后成立潘庄互助组、潘庄初级社、潘庄高级社。1958年，人民公社化时期，成立潘庄生产大队。“文化大革命”期间，改为红卫生产大队。1981年，红卫生产大队改为潘庄生产大队。1983年，更名潘庄村。1997年6月，潘庄村划归响水镇。

2001年，潘庄村获评盐城市文明村。2022年，获评江苏省民主法治示范村。2023年，获评盐城市文明村。

潘庄村

上兴村

上兴村东与五河村、潘庄村相连，南与灌南县百禄镇响连村相邻，西与灌南县三口镇康渡村接壤。2023年，总面积580公顷，总户数2029户，总人口5619人。现有党员45名，其中女性6名。设1个党总支委员会，3个支部委员会（连心党支部委员会、响西党支部委员会、五兴党支部委员会）。

清康熙、乾隆年间，就有上兴庄、下兴庄。上兴庄归海州府涟渎盐坊管辖。民国时期，上兴庄先由海州管辖。1941年，归涟灌阜边区办事处第五区管辖。1946年，响水口解放后，上兴设村，归潘庄乡管辖。1958年，成立上兴生产大队，隶属响水跃进人民公社。“文化大革命”期间，上兴生产大队更名为上游大队。1983年，更名为上兴村。1997年6月，上兴村划归响水镇管辖。2001年5月，全县村级行政区划调整，响西村并入上兴村。

附：响南乡简介

响南乡因地处县城南郊得名。1988年，镇区东与双港乡为邻，南与小尖镇接壤，西以一帆河为界，与灌南县三口镇交界，北枕灌河，与响水镇毗连。乡政府驻县城响灌中路，土地总面积6456.20公顷。2000年，辖区东与双港镇接壤，南临326省道，西至响坎河，北枕灌河；乡人民政府驻响港社区，土地总面积1830公顷，其中耕地1098公顷。辖区地表南高北低，高程一般2.2—2.9米；境内主要河流有灌河、响坎河。1945年8月，属滨海县响水区。1958年10月，属滨海县响水跃进人民公社。1959年3月2日，更名为响水人民公社。1960年4月23日，划属灌南县。1965年9月3日，划属滨海县。1966年4月，属响水县；6月，更名响南人民公社。1983年8月，改置响南乡。1988年，响南乡辖17个村、149个组，总户数9402户，总人口3.42万人。1997年6月，东园、三村、五河、上兴、双河、潘庄、汪圩、苗寨、洪圩、响西、响南、小浦12个村划给响水镇。2000年4月，响南乡与响水外向型农业综合开发区分列。辖东风、宣圩、三坣、河口、响港、灌江6个村（居），分设45个村（居）民小组，总户数2613户，总人口1.09万人。2001年6月，撤销响南乡，并入响水镇。

表 2

2023 年响水镇社区、居、村概况表

村居别	组数或小区数（个）	户数（户）	人口（人）	面积（公顷）	粮食总产（吨）	工农业总产值（万元）	农民人均纯收入（元）	特色产业
灌河社区	14	5713	15825	136	—	3979	—	商品批发
通榆河社区	12	7456	28500	181	—	—	—	—
东园社区	4	2985	8345	137	—	4977	—	物业流通
南园社区	6	6749	19120	123	—	4202	—	餐饮
西园社区	7	2389	6432	139	—	3884	—	养殖
城东社区	4	3597	9964	201	—	4501	—	商业饮食服务业
城南社区	8	428	1536	422	1100	4326	8005	运输
银河社区	15	7400	30553	149	—	—	—	—
小浦居	6	2498	6963	445	1402	1463	6299	设施蔬菜
五河居	6	1220	2280	485	—	1116	6509	粮油加工
苗寨村	7	2338	4622	320	2657	1354	6501	稻麦
潘庄村	9	2578	7140	968	4585	1730	7064	赤穗梨
上兴村	6	2029	5619	580	2586	1588	6296	西瓜

表3

2023年年末响水镇自然村庄情况表

村居别	名称来历	自然村庄/小区
灌河社区	因地处灌河南岸得名	迴南　迴北　朝阳街　南庵　北庵　美人巷　德路巷　虹桥巷　酱园巷　大车路　砚台巷
通榆河社区	因位于通榆河畔得名	桃园滨河　亚美国际　清华园　泰华御锦　润生广场　御锦豪庭　阳光雅居　阳光新园　浦江花园　水岸桃园　滨河学府　城南新村
东园社区	因地处县城东端种植蔬菜园艺得名	三合庄　大沟头　潘刘荡　后程庄　李老庄　后三合
南园社区	因地处县城南侧种植蔬菜园艺得名	南园　幸福小区　中央花园
西园社区	因地处县城西端种植蔬菜园艺得名	王闸　蔡庄　西园　西园小区
城东社区	因位于县城东得名	李老庄　东园小区　时代家居广场　华阳国际　嘉园小区　东苑小区
城南社区	因地处县城南大门得名	前洪圩　洪圩　后洪圩　团铎　桃园（天工锦绣）　西三合　前三合　城南新村　粮贸小区　花苑小区　财富广场
银河社区	因地处银河路得名	帝逸国际　金色家园　碧桂园　天工锦绣　港电家园　新城雅居苑　恒美家园　百汇广场　中奥华府　金海湾　东方花园　华都丽锦　锦绣尚品　太阳园　邮政家属区
小浦居	因有口大塘，生长大蒲，取名小浦庄	沈庄　郝艞　后大庄　冯庄　大前排　赵庄　小浦小区
五河居	因村境内有5条河得名	孙庄　瓦房庄　西赵庄　林庄　四组　五组　六组　叶庄　五河小区
苗寨村	因庄上有地主姓苗，取名苗寨	苗寨　蔡屋基　西蔡屋基　探扒头　小汪圩　大汪圩　秦树圩　小后庄
潘庄村	因潘姓地主垄断该地，命名潘庄	潘庄　周下庄　三岔汪　小前庄　右兴庄　小李洼　三王庄　连三庄　叶庄　蒋铎　舵尖　汪庄　下兴　圈圩　小西庄　大西庄
上兴村	因孙姓地主命名，意为兴旺	上兴庄　新沟　下租地　温庄　小西庄　郭圩　江圩　朱圩　一组　四组

自然环境

成陆过程

南宋以前，古淮河自桐柏山至云梯关（今响水县黄圩乡境内）独流入海。云梯关即淮河入海口，所谓“往时关外即海”，即当时县境处在茫茫沧海之中。宋高宗建炎二年（1128），黄河在河南濮阳决口，改道南徙，掠泗夺淮，变淮河入海口为黄河入海口。由于黄河带来大量泥沙，淤垫河床，河口开始向海伸展。明弘治八年（1495），黄河夺淮，黄淮二水合流，带来更多泥沙，致使近海淤积加快，海岸线日渐东移，加速响水地域的成陆过程。据《行水金鉴》和《续行水金鉴》记载，明万历六年（1578），原在云梯关的黄河口已延伸到县境四套一带。万历十九年（1591），水利专家潘季驯踏勘河口，发现黄河口伸展到十套一带，13年间淤积20千米。清康熙三十年（1691），治河大臣张鹏翮

群鲸戏水（2000年5月）　　响水融媒供

到河口踏勘时，河口扩展到八滩以东。乾隆四十年（1775），黄河口已移到大淤尖。乾隆四十一年（1776），乾隆皇帝东巡，萨载入觐于行在，任江南河道总督。命与高晋考察黄河入海口淤沙。萨载先至，上奏："入海口原在王家港，自雍正时接涌淤滩，长四十余里；南岸为新淤尖、尖头洋，北岸有二泓、三泓、四泓口。"清道光二年（1822），范玉琨《论海口铁板沙》中称，河口移到"丝网浜、望海墩"。道光二十二年（1842），治河大臣敬征奏称："为遵旨履勘新河南北两岸及海口旧河情形，乘潮落时，余直抵海口查看开山，询诸渔户咸称，开山以前孤悬海外，距灌河口十余里，因历次黄水下注，逐渐沉淤，现在灌河南岸淤滩，潮落时已接开山，近尚有船山、门山，河水由东北归海。"清咸丰五年（1855），黄河在河南兰考铜瓦厢决口，北迁渤海湾从山东利津入海。黄河北归，淮河泥沙锐减，岸滩淤涨停滞，海岸又遭刷蚀，开始不断退缩。据《中国分省地图册》（1959年版）记载，灌河口一带海岸已离开山7.5千米，开山又重新沦为海中孤岛。从南宋建炎二年（1128）黄河夺淮，到清咸丰五年（1855）黄河北归，历经727年，响水境内逐渐成为一片陆地。

地质地貌

地质　响水镇位于淮北平原东北部，为鲁苏断块基底和扬子断块基底，鲁苏断块基底由太古界至元古界的胶南群和五莲群（江苏境内称东海群和海州群）等组成，主要岩性为黑云夹长片麻岩、黑云变粒岩、白云粒岩夹石英岩及白云质大理岩透镜体。元古代后，鲁苏断块长期处于整体隆起上升状态，盖层极不发育，缺失古生代地层。下扬子断块基底由中元古界张八岭群组成，为低压绿片岩相的浅变质岩系，岩性主要为灰黑、灰绿色条带状粉砂质千枚岩。下扬子断块的盖层发育良好，镇域内为第四系所覆盖。覆盖层为近250万年沉积的松散层，厚度一般为200—300米。下伏第三系、中生界、古生界及元古至太古界地层，除第四系和上第三系为未成岩的松散沉积物外，其他均为基岩。

通榆河畔菜花香（2012年4月）　王志迁供

掩埋在响水镇北部的岩性主要为灰色泥质白云岩，硅质、钙质白云岩及泥质白云岩与灰岩互层；在响水镇东部的岩性为灰色中厚层灰岩；响水镇南部的岩性主要为褐色、暗红色页岩及褐黄夹绿色砂岩夹细砂岩。

地貌　镇域属黄淮冲积平原，在成陆过程中因受河流及海潮影响，常见条带状高地或洼地。地势呈南高北低态势。镇境的潘庄、苗寨、上兴、小浦、五河等村（居）地表高程一般为2.6—2.9米，而驻城的西园、灌河、南园、城南、城东和东园社区的地表高程一般为2.0—2.3米，全镇形成了0.9米的地表高程落差。

土壤植被

土壤　黄河夺淮入海的泥沙淤积，土壤多为黏土，盐碱性重，据1986年响水县第三次土壤普查，响水镇在县域潮土类范围内。其中列为沙土区的有潘庄、上兴、城南、苗寨、东园等村（居、社区）；列为沙心两合土区的有东园、城南2个社区的部分居民小组；列为黄潮土亚属油泥土属的有五河、小浦、西园、灌河、南园、城东等居（社区）；在五河、小浦的部分居民小组，还有不足6.67公顷的沙质脱盐土。中华人民共和国成立后，经过多年土壤改良、培肥地力和淋碱洗盐，全镇一级田面积已扩大到1333.33公顷，二级田面积扩大到540公顷，其余零星隙地、沟边路旁以及少数不规则地块的土地等级也都达到三四级标准。

植被　响水镇成陆较晚，随着水利条件的变化和土壤腐殖质的增加，成陆的土地逐步为农作物覆盖。境内的林木，均为人工栽植。随着农业开发、脱盐土递变演化，逐渐由自然植被向人工植被发展。人工植被以水稻、棉花、小麦、油菜、玉米、大豆、蔬菜等农作物为主。尤其是2010年，全镇加强农田林网、河沟路旁绿化造林，推动绿色发展。2011年，响水镇被生态环境部命名为国家级生态镇。2023年，全镇林木覆盖率为34.6%，林木品种有黄杨、香樟、泡桐、榉树等。经济林主要分布在潘庄、五河、上兴等村居，主要品种有梨子、木枣、柿树、核桃、樱桃、葡萄等。

自然灾害

水灾　响水镇降水量丰沛，且大多集中在汛期（6—9月），加之历史上黄河夺淮，黄淮交溃，致水灾频繁。根据历史记载，清康熙二十四年（1685）至1939年的254年间曾发生过数十次特大水灾。康熙二十四年七月大雨，农田禾苗均沉没水中，半数农田绝收。乾隆十四年（1749）中秋一场大雨，造成河海水位高涨，田禾均被淹没、村民四处逃荒。光绪七年（1881）六月二十七日，连日降雨、潮水丈余，淹死人口上百人，造成哀鸿遍野。1948年8月24日天降暴雨，近200公顷农田被淹，83户房屋倒塌，受伤9人，当年外出逃荒103户。1951年7月20日，大暴雨使全镇906.67公顷农田受淹减产；8月19日海潮骤起，大浪滔天，境内灌河堤决口，响水街水深过膝。1971年6月，20余天不见太阳，降水达750毫米，造成烂麦场，麦穗在田中发芽，全镇夏粮减产430吨（含原响南乡人民公社），全年降水1224.6毫米。2000年8月30日，响水县城遭遇特大水灾，当日降水达813毫米，是江苏省气象水文史上从未有过的纪录。县城区主街道积水达1米，造成2460家个体工商户门面房进水，货物受损1269万余元。全镇经济直接损失9800万元，其中农业经济损失2725万元、工业经济损失1975万元、流通行业及个体私营经济损失1887万元、城建水务经济损失1964万元。2002年7月12日，县城德路闸西灌河堤首次塌陷，至7月18日，先后发生4次灌河堤塌陷，崩塌总面积4350平方米。江苏省水利厅专门拨付防汛块石2.39万吨，土工布7874.7平方米、编织袋2万只；盐城市水利局及时拨付防汛块石1174吨、土工布2966平方米；响水县、响水镇领导现场指挥，投入民工4760人次，机械35台、船只36艘、块石2.78万吨、土工布5300平方米，编织袋3.5万只、打桩783根，拆除52户居民房屋，直至7月26日晚建成新坝，险情完全排除。

旱灾　清乾隆四十七年（1782）七月，大旱；直至翌年十月少雨，蝗虫飞满天，年岁大荒。乾隆五十年（1785）大旱，次年春荒，夏又大疫，死人甚多。清咸丰六年（1856）二月至八月，多日无雨，蝗虫四起，禾苗被啃光，人以挖草根为食。1961年12月至1962年3月，多日无雨，大河断流，小河干涸，沟塘见底，田间庄稼枯萎，低洼田块返碱严重，旱情加剧，农民靠救济粮、供应粮维生。1978年3月中旬至6月下旬，连续干旱106天；4月降水量仅6.5毫米，比常年少59.7毫米。平均气温为15.2℃，比常年高2℃。日照达到284.1小时，比常年多84.1小时。蒸发量230.1毫米，比常年多11.3毫米。河水干涸，春夏播种墒情严重不足，农作物几经抗旱播种，始终无法全苗，全年粮食较1977年减产38%左右。

风灾　1961年5月3日12时，八级以上大风横扫全镇（含原响南人民公社），镇内夏熟作物受害1260公顷。

雹灾　清光绪二十三年（1897）五月十七日，境内降下碗口大、鸡蛋大冰雹，有的房屋被砸穿，大部分农作物被砸光。1984年5月28日18时，境内普降冰雹20多分钟，一般积冰雹1寸多深，春播作物受灾严重。

寒潮　1959年2月8日，寒潮过境，气温下降至-6.5℃，普降大雪，厚度达11厘米。1964年2月15日，极端气温降至-11.3℃，普降大雪，厚度16厘米以上，接着出现大冻，冻土深达16厘米。1969年2月13日，突遭寒潮袭击，连续7天雨雪，出现雾凇现象。1982年2月4日，气温降至-11.4℃，并伴有大雪。1989年3月21—22日，连续出现严重冰冻，最低气温分别为1.3℃和-0.4℃。2016年1月24日，境内出现最低气温-14.2℃，仅次于1969年2月6日的-17℃。2023年1月25日，境内出现严重冰冻，最低气温-11.6℃。

气候　物候

气候　响水镇属大陆性季风气候区，处暖温带南缘，东濒黄海，略带海洋性气候特点，按干燥度和湿润度指数公式计算，属于湿润季风气候。1966—1978年，年平均气温13.6℃，极端最低气温是1969年的-17℃。1987—2008年，平均气温14.3℃，极端最低气温-12.9℃。2023年，年平均气温15.3℃，最高气温37.3℃，最低气温-11.6℃。

响水镇日照资源充足，1966—1978年，年平均日照时数为2399.8小时，年平均日照率为54%。1987—2008年，年平均日照2294.2小时，平均日照率为52%。2023年，年日照2111小时，与常年相比正常。1966—1978年，平均年降水量为895.3毫米，年际降水变幅较大，平均年降水相变率为18%。1987—2008年，平均年降水量944.9毫米，年际变幅较大。2023年，平均年降水量951.6毫米，与常年相比基本持平。境内出现大风相对偏少，1966年6月8日，响水镇境内出现12级台风（每秒24米）；1977年9月10—12日，响水镇内出现强台风，大风维持36小时之久（每秒30米）。1987—2008年，响水镇出现风速超过每秒17米（7级）大风日，年平均7.8次，最多为1990年24次。2023年，出现大风日7次。

燕子繁殖（2020年5月）　李守卓摄

物候　响水镇境内燕子始见一般在清明前后，最早3月上旬末，最迟4月中旬初；青蛙初鸣一般4月上旬末，最早3月末，最迟5月初；蝉始鸣夏至前后，最早8月上旬末，最迟9月中旬末。布谷鸟始鸣立夏前后，终鸣一般在立秋。黏虫始见最早2月15日，最迟5月17日；小地老虎初见最早2月10日，最迟5月11日；蝼蛄始飞最早3月30日，最迟11月8日；金龟子始飞最早4月21日，最迟9月19日。

响水镇境内不同花卉、树木的萌芽、开花时间有所不同，农作物播种、收获有较强的季节性。蜡梅农历正月开花、水仙农历二月开花、君子兰农历三月开花、海棠农历四月开花、石榴农历五月开花、荷花农历六月开花、栀子花农历七月开花、桂花农历八月开花、菊花农历九月开花、一串红农历十月开花、含笑花农历十一月开花、报春花农历十二月开花。

响水镇桃树3月初树芽萌动，下旬开花，6月下旬果实成熟，晚熟品种10月成熟。杏树3月初树芽萌动，下旬开花，7月上旬果实成熟。梨树4月初树芽萌动，5月初开花，8—10月果实成熟。苹果树4月上旬树芽萌动，5月中旬开花，7—10月果实成熟。山楂树3月下旬树芽萌动，4月中旬开花，9月果实成熟。柿树4月中旬树芽萌动，5月底开花，8—10月果实成熟。樱桃树3月上旬树芽萌动，4月开花，6月10日左右果实成熟。葡萄4月中旬树芽萌动，5月底开花，8月15日左右果实成熟。枣树4月上旬树芽萌动，4月开花，9月果实成熟。石榴4月上旬树芽萌动，5月初开花，8—9月果实成熟。

自然资源

土地资源

1966年，响水镇土地总面积540公顷。1997年6月，响南乡部分村并入响水镇后，响水镇土地总面积7480公顷，其中城南（八组）、西园（六组）、小浦、五河、上兴、潘庄、苗寨等农业村居土地面积4120公顷，驻城6个社区土地面积3360公顷。2023年，响水镇辖区面积4286公顷。

水资源

响水镇属地下水浅层水区，埋藏深度1.5米左右，含量较为丰富。因地处灌河南岸，又属沿海地区，浅层水含盐量较大，矿化度高，水质较差，不能灌溉及人畜饮用。农村自来水普及前，村民枯水年份需要开凿深井，取水饮用。地下深层水一般深度在110米左右，水量较为丰富，可以用于人畜饮用及农田灌溉。响水镇过境水源有连接中山河的响坎河、通榆河、佃响河、黄响河、红卫河、一帆河等河道水源，均是村民用于农业生产的主要水资源，天然雨水是地面用水的一个补充。据气象部门多年测定，响水镇年降水量在900毫米以上，多年平均径流深为266.7毫米，其中大部分降雨渗入地表，维持土壤地表水分。

动物资源

响水镇境内动物有家养动物和野生动物。

响水镇境内家养动物有猪、羊、牛、鸡、鸭、鹅等常见的家禽家畜。

响水镇境内野生动物有脊椎动物和无脊椎动物。脊椎动物有鱼类、两栖类、爬行类和哺乳类；无脊椎动物有环节动物、软体动物和节肢动物。

响水镇境内淡水鱼类主要有青鱼、草鱼、白鲢、花鲢、鲤鱼、鲫鱼、鳜鱼（季花鱼）、鲇鱼、泥鳅、鳗鱼、黄鳝（长鱼）、四鳃鲈鱼等。两栖类主要有青蛙和蟾蜍两类。爬行类主要有龟、鳖、壁虎、草蜥和各种蛇类。鸟类较多，有17目46科250余种。哺乳类动

四排河（2021年5月）　　王诗豪摄

物有黄牛、水牛、山羊、马、驴、猪、獾、獭、刺猬、野兔、狐狸、鼠、黄鼠狼等。

响水镇境内环节动物主要有蚂蟥和蚯蚓两大类。软体动物主要有腹足类和瓣鳃类。节肢动物种类繁多。甲壳纲类主要有虾和蟹两大类。蛛形纲类主要包括蜘蛛、红蜘蛛、蜱、螨等。昆虫纲种类常见的有蜻蜓、蟑螂、地鳖虫、螳螂、蝗虫、蟋蟀、蝉、稻飞虱、蚜虫、椿象、虱、甲虫、瓢虫、螟虫、蛾、蝶、蚊、蝇、虻、跳蚤、蜂、蚂蚁等。多足纲类常见的有蜈蚣和花蚰蜒。

植物资源

粮食作物　响水镇主要有籼稻、粳稻、大麦、元麦（俗称滚麦）、小麦、高粱（俗称芦秫）、玉米等。

经济作物　响水镇油料作物主要有花生、芝麻、向日葵、薄荷、油菜、棉花、黄豆等。

蔬菜　响水镇常见蔬菜有青菜、黑菜、大白菜、雪里蕻、菠菜、韭菜、苋菜、芥菜、甜菜、包心菜、花菜、茼蒿、莴苣、芜菁（大头菜）、西蓝花、大蒜、小葱、洋葱、萝卜、茄子、辣椒、番茄、马铃薯、山药、葵花芋、药芹、莲藕、慈姑、茭白、荸荠、菱角、蘑菇等。

瓜类　响水镇常见瓜主要有甜瓜、苦瓜、冬瓜、西瓜、丝瓜、黄瓜、酥瓜、南瓜、葫芦等。

林木　响水镇林木主要有桑、柏、黄杨、榆、槐、梧桐、法桐、楝、白杨、柳、皂角、冬青、枸杞、椿、杉、竹、松、罗汉松、枫、女贞等。

果树　响水镇果品主要有桃、杏、梨、苹果、柿、桔、金橘、石榴、枇杷、枣（沙枣、木枣）、无花果、银杏、葡萄等。

花卉　响水镇常见花卉主要有桂花、紫薇、栀子、玉兰、梅、菊、仙人掌、海棠、合欢、蔷薇、玫瑰、月季、凤仙、蜀葵、牡丹、芍药、睡莲、紫茉莉、鸡冠花等。

经济发展

响水镇充分利用城关镇的区位、资源、人才和信息优势，加快发展镇村经济。通过整合资源、增加投入、调整结构、推进改革，促进经济持续、健康和快速发展。1978年，响水镇社会总产值1320.74万元。1997年，社会总产值2.58亿元。2007年，地区生产总值4.57亿元。2012年，地区生产总值11.94亿元。2016年，地区生产总值16.07亿元，三次产业之比为11.54∶21.69∶66.76，经济结构趋向合理，完成财政收入3.3亿元。2023年，实现地区生产总值55.73亿元，固定资产投资22.76亿元、一般公共预算收入1.71亿元、农民人均可支配收入3.23万元。

农业

中华人民共和国成立前，响水镇生产方式落后，耕作管理粗放，自然灾害频发。农作物产量较低，收成较好的1937年，小麦亩产55千克、玉米60千克、棉花籽棉20千克。

中华人民共和国成立后，响水镇党委、政府十分重视农业，兴修水利，平田整地，推广农业科技，倡导科学种田，努力推进农业机械化，农业生产迅速发展。1966年，响水镇（含响水人民公社）粮食亩产136.5千克、亩产皮棉27千克。1973年，响水镇粮棉双超纲要，粮食亩产180千克，亩产皮棉34.5千克。1983年起，响水镇实行家庭联产承包责任制，农民生产积极性空前高涨，粮食亩产438.8千克。1990年起，响水镇引导农民调整产业结构，由单一的传统种植向多元复合转变。2023年，响水镇5个农业村居耕地种植面积2106.15公顷、蔬菜大棚等高效农业400公顷，林果大户104户、规模种植大户490户。

响水镇根据经济发展需要，成立各类农民专业合作组织，其中潘庄赤穗梨、小浦温室蔬菜、五河养鸡3家农民专业合作社在2012年登上农业部、国家发展和改革委员会、科技部等12个部门联合发布的全国首批农民专业示范社名录榜。2013年，响水镇加大农业发展投入力度，大力发展规模高效农业，先后打造吨粮田、设施蔬菜种植、规模畜禽养殖、特种水产养殖等一大批“高效农业盆景”；新增科技示范户362家，规模设施农业186.67公顷，新增劳务输出1080人，流转土地176.67公顷。有粮食高产创建、优质林果、特水养殖、设施蔬菜、秸秆编织、农机服务、农产品供销、苗木花卉、规模畜禽、农资服务、农民基金合作、土地流转服务等12大类的农民专业合作社52家，家庭农场13家。2015年，潘庄赤穗梨合作社再次被评为国家级农村专业合作社示范社。2023年，响水镇农业村居流转土地1827.5公顷，全部用于发展高效设施农业。新办家庭农场16个，农民人均纯收入全县第一。被盐城市政府表彰为发展村级经济先进镇。

响水镇为保障农业发展，大兴农田水利建设。2023年，响水镇有灌溉河道2条，长3.6千米；排灌河道40条，长97.65千米；排灌结合河道4条，长22千米。县级河道30条，打造生态河道5条，建成通榆河东堤、黄响河西堤成片林6处。响水镇有中型涵闸3座、小型涵闸8座，农村小型机电排灌站36座，实现农田水利化。

2023年，响水镇拥有各类农业机械135台（套），其中大中型拖拉机和联合收割机等18台。为稳定粮食生产，保证粮食生产安全，国家先后出台多项“三农”补贴政策。2023年，响水镇获得稻谷补贴1229户，补贴金额153.31万元；耕地地力保护补贴4674户，补贴金额193.13万元；生态犁耕深翻补贴1户，补贴金额4080元；大豆、玉米带状复合种植补贴1户，补贴金额1.86万元；耕地轮作休耕补贴1户，补贴金额1.55万元。农机补贴41台套，补贴金额81.55万元。

工业

民国初年，响水镇民族工业开始萌芽。1920年，山东烟台人于正和在响水口开设恒玉和油坊。20世纪20年代末，响水口始有小皮辊轧花业。中华人民共和国成立后，成立响水初级棉织生产合作社、初级缝纫服装厂（在西大街中轴厂东）。1953年9月，响水口茶食业合作商店成立食品和糖果车间。1954年，响水镇成立铁木业生产合作社。之后，响水镇境内先后有榨油、棉织、服装、鞋帽、铁木、修理、金银加工、农具等制作企业。1956年，响水镇提出“大办工业”，把一部分集体性质的合营企业转为全民，盲目兴建了一批工业企业。后有的退还集体所有，有的实行关、停、并、转。1969年，无锡一些集体性质的工厂迁至响水。20世纪六七十年代，响水镇大办工业，先后建设造纸厂、棉织社、自行车配件厂、阀门厂、拉钢厂、丙纶厂、钢窗厂等40多家。1976年1月，响水镇建成自行车零件厂，翌年，生产自行车中轴。之后，设备不断更新，技术不断改造，产品质量不断提高。生产的灌河牌A、B型自行车中轴销往全国18个省市，为32家整车厂配套，并远销日本、德国等国家和中国香港等地区。其中灌河牌A型中轴，1985年获江苏省优质产品称号，1987年获轻工部优质产品称号。

费氏食品

1997年起，响水镇开始招商引资，先后引进香港融凡制衣、江苏题桥纺织制衣、泰日针织服装棉纺、苏源豪威富铜业、海德汽车零部件、森博纺织、星宇轴承座、海丰造船、昕晨纺织、舜元制冷、轴承座、玉帛纺织、勤辉纺织、金宇铁粉、永鑫色织、华盛纺织、永泰纺织、灌江中轴、祥瑞药业、恒顺医药器材等一大批企业，响水镇快速成长为响水县工业第一镇。

2000年，响水县委、县政府决定，响水镇兴建工业集中区。2006年，响水县委、县政府决定将工业集中区内位于204国道东侧的所有企业划归响水经济开发区，响水镇工业经济一度处于明显下滑状态。2008年，响水镇在响水经济开发区启动农民创业园建设，先后招商引资签约12个项目入园创业。2011年，响水镇农民创业园被江苏省发展和改革委员会、中小企业管理局联合授予江苏省中小企业科技创新示范基地称号。2015年，响水镇在苗寨村境内划出土地14.67公顷启动镇工业园区建设，先后建成标准化厂房13.6万平方米，园区配套设施同步建设。2020年，镇工业园区扩建，占地面积20公顷，新建标准厂房和综合办公用房23幢、总建筑面积11.58万平方米。2023年，在园企业17家，实现产值9.14亿元。建筑企业46家，从业人员4980人。响水镇新签约项目6个，协议总投资4.8亿元；新开工项目6个，其中亿元以上项目4个、总投资2.8亿元；新竣工项目2个。有工业企业310家，从业人员1.05万人，实现开票销售14.3亿元，其中规模以上工业企业26家，从业人员1530人，实现开票销售9亿元。

江苏费氏集团股份有限公司　成立于1994年，总部设在江苏响水食品高新产业园。公司专注于肉松、肉脯、香肠、素食、豆

费氏食品（2022年10月）　　李守卓摄

制品、冷链食品等系列产品生产研发及销售，是肉松、肉干、酱卤肉、火腿肠、中式香肠五大国家标准制定企业之一，肉松饼行业标准制定企业之一，全国规模肉松生产基地，位居中国肉制品企业30强。2020年，公司被中国非遗保护研究中心确定为中国非遗肉松传承技艺研究基地，是中国烘焙行业最具影响力原料企业之一。公司始终坚持“质量、诚信、品牌”战略，生产工艺全面升级，销售网络覆盖全国及海外市场。公司与江南大学、南京农业大学等建立产学研高端研发合作，建有费氏肉松荤素研究所、上海费氏烘焙应用中心、中国食品工业协会烘焙肉制品研究院、中国食品工业协会培训基地，不断开发产品新款式、增加产品新赋能，开发系列新产品。费氏集团旗下公司有香港费氏集团、资溪费歌食品有限公司、大费食品股份有限公司、盐城市费氏食品有限公司、江苏麦烤林食品有限公司、江苏名声食品有限公司、上海费氏食品有限公司等。2023年，公司有职工600余人，实现应税销售1.5亿元。

江苏科力普汽车部件有限公司　创办于2004年1月，产品有铜质、铝质散热器、冷凝器及汽车空调。拥有柴油机散热器焊接件夹具、组装管带式散热器芯体半自动装置、新型汽车铜散热器芯体、圆管式散热器芯体、圆环状散热器芯体、防膨胀散热器芯体、高耐震散热器芯体、农机散热器防护装置等37项实用新型专利和钨铜合金与不锈钢钎焊用钎料及焊接工艺、拖拉机用散热器、换热翅片的自定位叠装结构等10项发明专利。先后获评国家高新技术企业、江苏省专精特新企业、江苏省民营科技企业、国家知识产权优势企业、江苏省企业技术中心、盐城市工程技术研究中心专利认证证书。2023年，公司销售收入1.08亿元，纳税748.2万元。

商贸服务业

响水镇商业发展较晚，清朝初年，响水镇境内有天后宫、三官庙、关帝庙、龙王庙等寺庙，由庙会出现自由买卖、公平交换的场所，逐渐发展形成集市。清咸丰元年至同治三年（1851—1864），外地客商从海上入灌河口，经陈家港至响水口中转经商，其时响水口形成具有一定规模的商市。

1912年，响水商业兴起。响水口民便河西创建洋码头。迴南街和德路桥两侧商号密集，市面上“商贾往来如织”“百货云屯”。1927—1939年，美国、英国、日本、德国、意大利、葡萄牙、荷兰7国的商船来往于响水港，在响水设有洋行7个。1939年3月1日（农历正月十一日），侵华日军从灌河口登陆，占领响水口，日商在响水开办了小林、小田、三井、三林、大龙、共进和北洋7个洋行。大量的洋火、洋油、洋布、洋糖、洋碱充斥响水市场，地方商业受到封锁、摧残而日趋萧条。

1949年，中华人民共和国成立前夕，商业处于呆滞状态，商品流通不畅，市场物价波动，投机倒把猖獗。中华人民共和国成立初期，响水镇党委和政府着手组织人民发展生产，恢复经济，稳定物价，活跃市场，先后建立粮食、棉布、百货、土产等国营商业机构。1954年起，对私营商业进行社会主义改造，1956年年底完成。响水县城商业全部集中到东方红大街、迴南街和朝阳街，河边是农贸市场，小巷都有门市，逢年过节，街道上人山人海。

1956年春，滨海县商业局在响水镇设立国营商业网点，经营百货、纺织、糖烟酒等商品。1966年5月，在东方红大街与迴南街交叉口建成百货公司。1976年4月，五交电化工公司从百货公司中划出，在东方红大街东首开业。这一时期还接连筹建了糖业烟酒公司、蔬菜公司、饮食服务公司、纺织品公司。1978年12月，改革开放后，商贸服务业蓬勃发展。1983年，响水镇兴建幸福北路小商品顶棚市场，占地面积1.67万平方米。1986年10月，建成幸福北路大型室内农贸市场2000平方米。1988年1月20日，人民商场开业，开业当天接待顾客4万多人次，营业额11.70万元；11月1日，商业大厦开业。1996年3月，华联商厦开业。2003年，新纪元商贸城、城南农贸市场开业。2004年1月，农工商超市开业。之后时代超市、苏果超市、雅家乐超市、黄海超市也在这期间相继开业。2015年10月，大型商超华润苏果开业。

响水镇灌河创客孵化园

2015年6月，响水镇通过招商选资，联合江苏风哥网络科技有限公司、上海越嘉科技有限公司共同建成江苏灌河创客孵化园（坐落在响水湖公园西侧的浙江商贸城内）。园区总投资1.2亿元，企业首期注册资本1000万元，场所总面积9800平方米。2017年，灌河创客孵化园被评为省级众创空间、全国农村创业创新园区（基地）。2019年，孵化入园企业近40家，先后获评盐城市电子商务示范园区、江苏省创业示范基地。2020年3月，被评为国家级众创空间，11月，被评为江苏省级星创天地。2023年11月，获评全国第四届创业大赛组织奖。

润生广场（2015年10月）　　龚成功供

教育

清光绪三十一年（1905），响水口设有迴南书院，即东方红小学前身。1930年秋，创建灌云县响水私立中学。中华人民共和国成立后，先后建有东方红小学、响东小学、响西小学等14所小学和向阳中学、农中（后改为响南中学、智华中学）2所中学。2000年起，义务教育阶段实现教室、食堂、学生宿舍、学生用课桌凳、住校生床铺标准化，教育现代化建设全部达标。2023年，响水镇拥有幼儿园9所，其中江苏省标准化中心幼儿园4所，在园幼儿3461人、专职教师125人；小学8所，在校生1.79万人、专职教师786人；中学4所，在校生1.46万人、专职教师672人。

实验小学　解放路小学　银河路小学

向阳中学（2023年5月）　　王诗豪摄

东方红小学

东方红小学　该校始建于1930年，原名响水公立小学，是江苏省委原书记韩培信、天津市委原书记陈伟达、知名作家孙石灵的母校。2023年，校园占地面积2.5万平方米，有23个教学班，862名学生，104名教师。学校拥有盐城市骨干教师8名、响水县骨干教师16名、响水县名师工作室领衔人3名。校园布局合理，建有经典国学长廊、地方特色文化长廊、韩培信基金会发展历程陈列室、苏北新四军廉政文化教育基地、爱国亭等。学校有现代化的图书阅览室、科学实验室、音乐室、美术室、微机室、心理咨询室、录播室、创客室等18个功能教室；教学班均装备现代化教学软件应用系统——智慧教室。学校以“传承红色基因，建设大美校园”为办学方向，“尊崇文化、践行文化、自觉文化”为办学理念，“自主、勤奋、诚实、进取”为校训，“以写促读、以写促行”为办学特色。学校先后获评国家级教育科研先进集体、小公民思想道德建设先进集体、读书育人特色学校，省级平安校园、防震减灾科普示范校、红十字示范校、绿色学校，市级教育工作优秀集体、书香校园、教育管理示范校、德育工作先进集体、群众体育工作先进集体、艺术教育特色学校、廉政文化建设示范学校、依法治校示范校、和谐校园等荣誉称号，多次被县委、县政府评为教育工作先进集体。

响水镇幼儿园　该园位于响水县城响灌中路74号，占地面积6380平方米、建筑面积5170平方米、户外活动场地3850平方米。幼儿园以“追随儿童触摸自然”为办学理念，创设“‘荷’品育人，润泽童心”的校园文化，培养幼儿“至洁、至雅、至真、至善”的良好品德，促进幼儿身心和谐全面发展。幼儿园注重课程游戏化建设，基础课程以国家《3—6岁儿童学习与发展指南》为指导，整合五大领域，开设游戏化课程。特色课程围绕“传统文化进校园”“活力篮球”“红色教育”等主题，开展丰富多彩的特色活动，使每一个孩子都能健康、快乐地成长，促进幼儿全面发展。2023年，响水镇幼儿园开设4个大班、4个中班、3个小班、2个托班，共13个班级，每个班级均配有多媒体教学设备、空调、钢琴、教学玩具。室内外大型游乐玩具齐全，有操场、主题花园、空中运动场地等，硬件设施配备完善。2016年12月，响水镇幼儿园被评为盐城市平安校园、盐城市优质幼儿园、美术特色园。2017年5月，被评为江苏省优质幼儿园。2019年，被评为江苏省篮球特色学校。2020年，被《幼儿教育导读》杂志社评为教师职业技能先进单位。

卫生

朝阳街、迎南街历史上曾有私人诊所，遇有灾年疾病流行，人民群众贫病交加，健康得不到保障。1957年，组建响水镇卫生院。1969年起，建立大队合作医疗站，设立村卫生室，逐步改善村级缺医少药的状况。2023年，响水镇除镇卫生院外有村卫生室

13个，卫技人员68名，卫生服务体系健全率100%，基本实现“小病不出村，一般疾病不出镇，一般疑难杂症不出县”。城镇职工和城乡居民医药费用报销比例分别为75%、50%。全民体检1.3万人，18岁以上居民体检率超35%。

响水镇
卫生院

响水镇卫生院　位于响水县城黄海北路27号，该院1957年建设，是一所集预防、保健、医疗、康复、健康教育及计划生育技术指导于一体的综合性乡镇卫生院。占地面积6300平方米、建筑面积6200平方米。设立内科、外科、中医科、康复科等一级科室11个，碎石中心、医学检验科等二级科室6个，其中中医康复科、碎石科、口腔科为市级特色科室。2023年，响水镇卫生院有病床130张，员工189人（其中医技人员146人），其中高级职称26人、中级职称28人、初级职称91人。平均每年门诊就诊12万人次，住院3500人次。同时响水镇卫生院还承担着镇域范围内的公共卫生服务、老年人卫生服务、健康保健指导等工作，服务人口10.8万人。2020年起，响水镇卫生院先后获盐城市敬老文明号、优秀基层卫生集体、五一劳动奖状等荣誉。

文化广电

1967年2月，响水镇架设第一条有线广播专线，之后家家户户通有线广播。1978年起，响水镇机关、单位、学校开始有电视机。1987年年底，响水镇城镇居民和机关职工有60%以上家庭有电视机，机型大多为14寸、17寸黑白电视机，文化馆开设录像放映厅，同时期还有数家私人录像放映室。1990年起，响水镇城乡彩色电视机逐渐普及。2023年，响水镇加强文化设施配套，各社区（村、居）均建有文化活动中心，投资100万元以上的文化娱乐场所10个，可容纳1000人以上的娱乐场所2个，文化设施面积18.73万平方米，公共图书馆藏书16万册。有线广播电视入户率100%，无线广播信号全覆盖。

文化墙　2019年起，响水镇在尊重村民意愿的基础上，以群心巷、仁甫巷为样板，坚持“一花一世界，一墙一风景”，努力增添乡村文化韵味，让乡村遇见墙绘，让文明重塑乡村。围绕农房改善，巧妙构思一些墙绘图案，把所有农房连成一道道乡村美景；挖掘村庄特色、发展特点，注入生态保护、历史民俗、文明乡风、红色文化等元素，以水墨之力绘出乡村振兴之美；通过开展水源保护、水体污染危害宣传，农村人居环境整治、人文环境提升等活动，弘扬文明新风，推进乡村治理，增加乡村“内在美”。2023年，响水镇打造特色文化墙绘50多幅，面积1.2万平方米。让墙“说话”，使群众知政策、懂法律、学美德、爱健康，这种生动鲜活、喜闻乐见的形式，让居民随时随地感受文化的熏陶，为推动文明创建营造浓厚文化氛围。

人民影剧院　建于1968年，位于响水县城东方红大街（现灌河路），后因墙体下

文化墙（2022年6月）　　王诗豪摄

沉裂缝，1970年2月进行加固维修，3月交付使用。人民影剧院总面积900平方米，翻板椅座位933个，舞台空间高15米，宽11米，前后长14米。起初，拥有5501型松花江牌座机1台，采用炭精光源。1983年，改用3000瓦氙灯光源，备有柴油发电机组，保证停电不停映（演）。1987年，增设电视录像放映。人民影剧院建成后，江苏省淮剧团、淮海剧团、盐城市歌舞团、连云港市淮海剧团以及周边的泗阳、沭阳、宿迁、涟水、灌云、灌南、泗洪、洪泽、滨海、阜宁、射阳、建湖、东台、大丰等多家县级艺术团体在此演出。1990年起，电影放映走向衰落。1999年，关门停映。2021年，县政府为满足广大市民娱乐需求，投资300万元对人民影剧院重新修建，每周放映一次，供市民免费观看。2023年，人民影剧院免费放映50余场次。

人民影剧院（改造前）（2009年1月）　　李守卓摄

人民影剧院（改造后）（2023年7月）　　王诗豪摄

体育

民间传统体育活动历史悠久，如武术、游泳、狩猎、棋类、踢毽、跳绳等，多为健身、娱乐和自卫。现代体育到民国期间才有所发展。1931年，灌云县在响水口私立中学举办学生体育运动会，全区中小学参加。

中华人民共和国成立后，篮球、拔河、双杠、单杠、乒乓球、游泳、田径等项目得到发展。1978年起，响水镇成立体育运动委员会，每年元旦组织新年长跑活动。1987年，响水镇农民篮球队在江苏省“丰收杯”篮球比赛中获得第四名。2000年起，响水镇党委、政府高度重视群众体育活动，每年投资近100万元建设市民健身广场、添置群众健身器材。2023年，响水镇拥有健身广场105个、各类室内运动健身场所14处，体育设施面积20.46万平方米。

老年体育　80年代起，响水镇随着人口老龄化，离退休人员数量逐年增加，参加体育活动成为老年人生活的重要内容，许多老年人常年坚持锻炼，每天早晨到社区广场、学校操场跑步、打拳、舞剑、做健身操。1990年起，响水镇体育活动组织化程度逐步提高。2015年，镇区和村居添置各类健身器材，各村（居）依托居家养老服务站建立文体活动室，全镇参与体育健身锻炼老年人3万人以上。老年人除正常坚持晨练和参加日常体育锻炼外，还在节日期间举行太极拳、太极剑、太极扇、健身操、棋牌、腰鼓、健步走等体育项目表演。2018年10月，响水镇红太阳健身队在“有喜庆 今世缘”盐城广场舞大赛中获一等奖。

社会体育　2018年起，响水镇党委、政府进一步提升体育事业发展的服务供给能力，增强群众参与全民健身的覆盖面、获得感、满意度，推动镇域体育高质量发展。科学健身指导、引领社会资源向基层一线倾斜，更好地服务群众，助力全民健身活动开展，让科学健身“飞入寻常百姓家、缔造美好新生活”。2020年9月，在江苏省体育局主办的江苏省第八届全民健身运动会上，响水镇腰鼓代表队、秧歌代表队健身秧歌（鼓）的腰鼓《盛世腰鼓》和秧歌《扇趣》获得了3个优胜奖、1个优秀奖和3个体育道德风尚奖；10月，在江苏省体育局主办的江苏省第九届农民运动会上，健身秧歌《扇情舞韵》获一等奖。2021年8月，响水镇腰鼓《盛世鼓韵》在第十四届全运会群众赛事中，获自选套路第一名。2022年3月，响水镇舞蹈《龙鼓赶海》在全国社区服务健身龙舞公开赛暨全民龙舞健身行活动中代表盐城市参加全运会获一等奖；12月，响水镇腰鼓《盛世鼓韵》

中国脊梁　奋进新征程　鼓舞新时代　盛世腰鼓　一条大河

响水镇在“乡村振兴”全国农村社会指导员交流展示大会上获健身操一等奖、最佳编排奖、最佳服装奖

响水镇在第十四届全国运动会群众赛事活动中获一等奖

响水镇在全国社区健身龙舞公开赛暨全民龙舞健康行活动中获第一名

响水镇在2022年全国社会体育指导员交流展示大会上获一等奖

体育公园（2023年5月）　王诗豪摄

在国家体育总局主办的全国龙狮网络大联动活动中，获民俗体育组一等奖；在全国社会体育指导员网络交流展示大会上，获健身技能交流展示（健身操舞类）一等奖。2023年5月，在“乡村振兴”全国农村社会体育指导员交流展示大会上，响水镇健身腰鼓队代表江苏省参加大会展示，获健身操舞类一等奖、健身腰鼓第一名、体育道德风尚奖、最佳编排奖、最佳服装奖；9月，在全国健身秧歌（鼓）大赛（四川广元站）中，响水镇在健身秧歌、健身腰鼓、健身手拍鼓三项比赛中获一等奖。

体育公园　2021年7月，响水城市资产投资控股集团投资1700万元兴建、11月竣工的占地面积7.58万平方米的体育公园（灌河堤运动场），位于响水县城北侧，北临灌河，西临通榆河，南临灌河路，东侧与响水县人民医院相邻。建成篮球场、足球场、健身跑道、老年人活动场，成为康养一体的体育主题公园。

文体公园　2021年11月，响水城市资产投资控股集团采用工程总承包（EPC）模式，投资6450万元建设文体公园，2023年4月建成。公园位于响水县城灌江路南侧、黄海路西侧，占地面积1.09万平方米。文体公园以“文化、活力、健康、共享”为精神内核，致力于建成一座“永不落幕的城市活力空间站，全龄康体运动的文化乐园”，包括儿童游乐区、老年人活动区、极限运动区、潮流街区、景观区，同时设有地面停车位约100个。

文体公园（2023年4月）　　王诗豪摄

居民生活

响水镇村民住房变迁(2023年4月)　　李守卓摄

收入与支出

收入　1966年，响水镇农民人均纯收入53.6元。1978年，农民人均纯收入68.78元。1983年，农民人均纯收入220.8元。1990年，农民人均纯收入463元。2000年，农民人均纯收入2537元。2012年，农民人均纯收入1.30万元。2020年，农民人均纯收入2.69万元。2023年，居民人均可支配收入3.23万元。

支出　家庭支出从20世纪80年代购买电视机、洗衣机、电冰箱、自行车、电话等消费，逐步向90年代购买手机、摩托车、电瓶车、电脑、轿车等消费发展。2005年，百户家庭年均消费支出1648.7元。2020年，农村家庭人均生活消费支出1.19万元，城市家庭人均生活消费支出1.34万元；其中文教娱乐服务支出占家庭消费比例上升，占比12.18%。2023年，响水镇社会消费品零售总额为1.8亿元。

住房

2000年，响水镇居民人均住房面积45平方米。2010年，居民人均住房面积58平方米。2015年，居民人均住房面积68平方米。2020年，居民人均住房面积69.4平方米。2023年，居民人均住房面积70.4平方米。

社会保障

中华人民共和国成立初期，响水镇政府对孤、老、残、幼提供经济和物质上的救济。1956年起，响水镇政府对生活困难人员给予适当补助，以维持基本生活。对孤、老、残人员实行“五保”，由集体供养，国家给予必要的救济。“文化大革命”期间，救济经费明显减少。中共十一届三中全会后，根据党中央和国务院的通知精神，响水镇除了对城镇“五保户”、困难户给予定补外，增加一些特殊救济对象，给予特殊救济。

1998年起，响水镇实行最低生活保障制度，但覆盖面窄。城市低保标准为每人每月100元，农村低保标准为每人每月80元。2005年起，对低保对象建立档案，一户一档，低保对象持有响水县农村村民最低生活保障对象救助证，低保金通过邮储银行直接发放到低保户手中。之后，随着经济社会发展，低保标准逐年提高。城镇低保标准为每人每月215元，农村低保标准为每人每月110元。2020年，享受低保救助690户、1233人；特困救助95户、97人；临时救助398户、475人；困境儿童救助139户、139人。累计

老年艺术团广场舞（2020年7月）　　周永虎摄

发放救助金额1500余万元。2023年，享受低保救助711户、1261人；特困救助99户、101人；临时救助363户、509人；困境儿童救助160户、160人。累计发放救助2100余万元。

2003年，响水镇启动农村新型合作医疗工作。2004年，参加农村新型合作医疗1.74万人。2010年，参加农村新型合作医疗3.96万人。2020年，参加农村新型合作医疗4.28万人。2023年，参加农村新型合作医疗4.16万人。

养老院建设　2003年10月，王振东投资3万元，建设响水镇夕阳红老年公寓，占地面积1670平方米、建筑面积474平方米，2023年年底，入住老人24人、工作人员4人。2014年10月，陈晓红投资200多万元，建设响水县幸福养老院，建筑面积450平方米，2023年年底，入住老人39人、工作人员5人。2018年8月，响水县社会福利中心投资500万元建设响水县社会福利中心老年公寓，公寓占地面积3.4公顷、建筑面积3000平方米，设置床位200张（自理区80张、护理区120张），常年入住100人左右，工作人员19人。2023年10月，响水县民政局投资1500万元，改造建设银杏苑综合养老服务中心，建筑面积1000平方米，常年为老人提供健康保健、医疗服务、生活照料、文化娱乐、中医养生五大特色服务。

附：银杏苑综合养老服务中心

2023年，银杏苑综合服务中心由响水县民政局投资改造，位于黄海路198号，建筑面积约1000平方米，总投资1500万元，内设文化活动室、长者幸福食堂和多个临床科室及医技科室。服务中心秉承“老人满意，儿女放心”的服务宗旨，与响水县现代医院签订共建协议，在全市率先打造银杏苑医养结合型综合养老服务中心，为老年人量身定制提供健康保健、医疗服务、生活照料、文化娱乐、中医养生五大特色服务，构建“家门口”的老年人康养服务。中心设有棋牌室、舞蹈室、理发室、图书阅览室等，常态化开展读书看报、写字作画、唱歌跳舞、棋牌对弈等各类娱乐活动。中心长者幸福食堂主要服务对象是60周岁及以上老年人。针对老年人的饮食特点，专门制定健康食谱，前来就餐的老年人通过人脸识别系统智能识别身份并完成优惠支付，可在工作人员的帮助下进行点餐。是年，已拓展为周边空巢、独居、留守、失能等老年人提供上门送餐服务。

组织机构

中共地方组织

1930年1月，建立中共灌云县响水区委员会，系响水地区第一个地下区委会。1939年7月，重新建立中共灌云县第五区。1940年10月，建立中共涟灌阜边区工作委员会；12月，中共涟灌阜边区工作委员会撤销。1941年9月，华中局决定重建中共涟灌阜边区工作委员会，隶属盐阜区党委领导。1942年4月，华中局决定撤销涟灌阜边区办事处，建立潮南县；5月，潮南县改称滨海县，建立中共滨海县委员会，隶属盐阜区党委领导。1945年3月，成立响水、张集、月港、黄圩等11个区委；10月，成立响水、陈港2个市委。1946年6月，撤销响水市委并入响水区。1949年11月，滨海县、阜东县2个县合并仍称滨海县，建立新的中共滨海县委员会。原滨海县（今响水全境）的响水、张集、黄圩、六套、七套、老舍、双港、南河8个区委归属新的滨海县委领导。1950年11月，8个区委调整为黄圩、六套、双港、响水4个区委。1956年2月，4个区委合并为六套、响水2个区委。1957年9月，撤小乡并大乡，响水区委下设正茂、黄圩、响水、周集、小尖5个乡党委。1958年10月，撤销区乡体制，建立响水跃进、张集卫星、六套康庄、双港巨龙4个人民公社党委会。1959年1月，4个人民公社划为大有康庄、六套全武、南河海旗、双港巨龙、响水跃进、周集宇宙、张集卫星、黄圩火箭、运河上游9个人民公社，加上从新海连市划进的陈港人民公社，计建立10个人民公社党委会。1960年4月，响水、周集2个人民公社划归灌南县。1962年10月，灌南县委决定增设响水镇党委。1965年9月，响水镇和响水、周集公社重新划归滨海县。1966年4月，建立响水县，成立中共响水县委员会。中共响水县委员会、县人民政府驻响水镇西大街原造纸厂。1980年，县政府迁至县城双园路188号。响水镇人民政府、中共响水镇委员会驻县城向阳路（虹桥港路、九龙港）。1997年，因开挖通榆河，响水镇政府迁至响灌路（原响南乡办公区）。2000年，新建响水镇办公大楼，地址为县城黄海路70号。2023年，镇党委书记彭加锦，副书记吴恒杰、陈兵、罗霄。

人大

自1954年人民代表大会制度建立到1966年4月响水建县，响水镇先后为滨海县响水办事处、滨海县响水人民公社、灌南县响水镇、滨海县响水镇，共召开四届人民代表大会。“文化大革命”期间，响水镇人民公社管理委员会改为革命委员会，实行一元化领导，人民代表大会制度中断执行，直到1980年恢复。1990年，根据《中华人民共和国地方各级人民代表大会和地方各级人民政府组织法》和《江苏省乡镇人民代表大会工作暂行条例》的有关规定，设立镇人大主席团。至2023年，为第十六届人民代表大会，顾成华任人大主席。

政府

1913年，响水口属灌云县，为响水口市，后改为响水区，因排序第五，又称灌五区。1942年5月，成立滨海县时，为滨海县四区。1945年3月，为响水区，10月，从响水区中划出建立响水市。1946年，撤销响水市，其管辖范围仍归响水区。1948年12月，建立响水办事处，辖3个镇（统一镇、迴南镇、响水镇），仍隶属滨海县。1958年，人民公社化时，划归响水跃进人民公社。1959年3月，响水跃进人民公社更名为响水人民公社。1960年4月，响水人民公社划归灌南县管辖。1962年10月，经省人委批准建立响水镇。1965年9月，根据省委、省人委指示，响水镇和响水人民公社、周集人民公社划归滨海县。1966年4月，建立响水县时，为响水县属建置镇。2001年6月，响南乡并入响水镇，成立新的响水镇。2023年，响水镇人民政府镇长吴恒杰，副镇长陈军、张德科、潘子静、肖立友、孟天鸣。

响水镇人民政府办公楼（2023年5月） 王诗豪摄

五河新型社区（2022年5月） 王诗豪摄

2 美丽城乡

20世纪20年代初，响水镇仅有2段“T”形狭窄街道，十几个商业网点，50多家手工业作坊，人口不足1万人。

中华人民共和国成立后，特别是1966年3月响水建县后，县治所在地响水镇焕发了生机。先后拓建东方红大街、响灌路、双园路、幸福路、通榆路、红旗路等道路，纵横相连，路面均为沥青、水泥铺成。东方红大街是商店密布的繁华商业区。改革开放后，响水镇镇村建设纳入县城规划。历经五轮规划编修、实施，城镇建设步入“规划先行”发展轨道，城乡一体化建设步伐加快。2023年，响水镇实现水、电、气、路、通信、景观全面配套，镇区内高楼林立，一座现代化新型城镇初具规模。

镇村规划

响水镇为响水县城所在地，改革开放后，镇村建设由县政府统一规划，纳入县城总体规划。1984年，编制响水县城总体规划；1986年，市政府批准实施。规划镇区占地面积500公顷，人口2.8万人，规划时限至1990年。鉴于原规划不适应县城发展建设需要，1990年，响水县委、县政府对县城总体规划作调整；1992年，盐城市政府批准调整方案。1998年年初，响水县修编新一轮县城总体规划，11月完成《响水县城总体规划（1998—2010）修编方案》送审稿，12月18日，响水县“四套班子”会议审议通过规划方案。1999年11月，响水县人民政府提请县人大常委会审议通过。2001年4月，响水县人民政府报盐城市人民政府审批后组织实施。规划确定城市性质为县域的政治、经济、文化中心，有良好的港口发展前景的小城市。规划期限：1998—2010年，近期1998—2002年，远期2003—2010年。城市规模：近期人口9万人，远期12万人。响水县城建设用地规模：近期7.52平方千米，远期11.86平方千米。响水县城规划结构形态为单中心团块状。随着县城建设发展，2005年，响水县委、县政府启动新一轮规划编制工作，委托江苏省城市规划设计研究院编制《响水县县城总体规划（2005—2020）》，2006年6月完成；10月，响水县人大常委会审议通过。2007年年初，响水县人民政府报盐城市人民政府审批后组织实施。城市性质为江苏北部沿海、沿灌河具有水绿滨河特色的新兴工商业城市。规划期限：2005—2020年，近期2005—2010年，远期2011—2020年。人口规模：近期人口13万人，远期人口20万人。响水县城规划区（包括响水镇的全部）：北至灌河、西至县界、南至326省道及团结大沟一带、东至沈海高速公路。用地规模：近期15.42平方千米，远期23.99平方千米。旧城区范围：位于县城北部，是响水镇建设较早的区域，北至灌河，东至204国道，南至珠江路，西至通榆河。响水县城发展方向：主要向南、向东发展，适当向西发展。响水县城结构形态：以灌河、通榆河和响坎河绿化风光带为分隔，在城区形成“一心、三带、二片一组团”的总体格局。

2023年，响水镇区建成8纵12横县城区主干道，50多个商住小区，改造23个老旧小区，完成2000多户、10万余平方米的棚户区改造，响水县城建成区总面积从建县之初的540公顷扩大到2023年的2160公顷，50余年扩大至4倍。一个街道宽敞、高楼林立、产业发达、市井繁荣、生态优美、百业兴旺的新县城展现在人们面前。

附：响水县城市空间布局规划（2010—2030）

主城区规划结构：形成“一心三片、一轴二带”的城市结构。

“一心”即响水主城区新的城市中心。

“三片”指由响坎河、宣圩河及双园路划分的城西片、城中片和城东片。

“一轴”指依托灌江路建设的东西向城市发展轴线。两侧布局行政、商业、文化、体育等城市最重要的公共设施。带动城市跨越响坎河向东发展。

“三带”指主城区重要的绿化景观带，即灌河、响坎河以及通榆河绿化风光带。

港城规划结构：形成“一心、两轴、五区”结构。

“一心”指在黄海大街以南，银港大道两侧，形成港城的中心区域，结合中心公园的建设，依托现有鱼塘，开挖景观湖面并与民生河相沟通。

“两轴”指东西向的黄海大街发展轴线以及南北向的银港大道发展轴线。

“五区”是金港大道以西的老城区、商业金融核心区、北部居住区及南北临港工业区。

响水县城市总体规划[2010—2030]

主城区绿地系统规划
图例
居住用地
行政办公用地
文化设施用地
教育科研用地
商业服务业设施业用地
加油站
邮政局
电信局
体育用地
医疗卫生用地
宗教设施用地
一类工业用地
二类工业用地
仓储用地
批发市场
综合交通枢纽用地
广场用地
交通场站用地
公交保养场用地
公共绿地
防护绿地
市政设施用地
水厂
污水处理厂
燃气门站
消防站
变电站
区域交通设施用地
水域
道路用地
铁路
高压线
规划用地范围
响水县人民政府 上海同济城市规划设计研究院 2011.12

镇村建设

1978年前，响水镇住房大多为土墙草盖，很少有砖墙瓦盖，楼房极少。旧城区街道狭窄，后街巷多为泥路。1998年起，响水县政府加快旧城改造步伐，先后发动单位、群众投资1.85亿元，着重实施幸福小区、怡园小区、东园小区、西园小区、响灌东路、长江中路、204国道两侧等地段的旧房拆建工程，拆建面积22.5万平方米。先后建成华联商厦、中国银行、工商银行、农业银行、金山宾馆、响水车站、五洲宾馆、农村信用社、新世纪购物城、擎天大楼等十多幢标志性建筑，建筑面积约16万平方米。

街道

1988—1998年，响水县城交通初步形成“六纵六横”的道路网络。主要改造房产路、迴南路、致富中路、双园路、响灌路、东园路6条道路，重点组织实施黄海路、204国道县城段、灌河路、幸福路、城南大道、解放路等8条道路建设工程，改造、建设道路交叉口13个。投资3.5亿元，改造、建设县城道路长35千米，面积54.5万平方米。其中高级、次高级道路25千米，面积46.7万平方米。城区人均道路面积6.1平方米。

幸福路　幸福路拆迁改造分两期实施。1995年3月，第一期幸福北路开始动员拆迁，拆迁范围北至灌河路，南至响灌路。拆迁居民78户、单位2家，拆除房屋面积1.22万平方米。拆迁后投资1200万元，在原址新建三层商住楼，一层、二层为商业用房，三层为住宅，两侧的二层营业楼由天桥联结，总建筑面积1.15万平方米。1996年7月，实施第二期工程，拆迁范围北至响灌路，南至双园路，拆迁居民50户、单位2家，拆除房屋面积1.02万平方米。拆迁后在原址新建三层商住楼8幢，一层为商铺，二层、三层为住宅，建筑面积1.7万平方米。经过改造，将过去一条房屋简陋、车辆不便通行的街道，改造成响水县城最大的服装、鞋帽等购物一条街。

响灌东路　1997年3月，响灌东路开始拆迁改造，拆迁范围西至黄海路，东至东园街。拆迁居民106户，拆除房屋建筑面积0.85万平方米。拆迁后，开发商投资1832

老城区（2016年6月）　　李守卓摄

新城区（2022年5月）　　王诗豪摄

万元，在原址新建3层（局部4层）商住楼11幢（住宅280套、门面房160间），建筑面积2.29万平方米。改造后，响灌东路成为当时县城区最大蔬菜、水果露天批发市场。

红旗中路　2001年5月，实施红旗中路拆迁改造。拆迁范围南至双园路，北至响灌路，全长310米，街道宽15米。拆迁居民49户，拆除房屋建筑面积6347平方米。拆迁后，投资1800万元，建设3层商住楼8幢（门面房73间、住宅80套），建筑面积2万平方米。

滨江路步行街　滨江路步行街位于县城中心位置，东至204国道（现为金海路）、西至幸福路，全长1200米，建筑面积10万平方米，总投资1.5亿元，被盐城市列为八类十大重点工程之一。滨江路步行街为欧式风格，沿街建筑以3层为主，辅之4至5层建筑，路面为花岗岩铺设，街心布设组合花坛、常青树、路灯等市政设施。2001年9月，一期工程开始拆迁建设，东至东园街，西至黄海路，工程投资4500万元，2002年12月竣工投入使用。2004年7月，二期工程开工建设，东至黄海路，西至幸福路，中间向北与响灌路贯通，投资8000万元，2007年年底全部竣工。

长江路　长江路片区位于长江路与黄海路交叉处东南角，占地面积36.66万平方米，原为响水县公安局、麻纺厂家属区及部分原居民棚户区改造地块。2022年，该片区推进灌江雅苑安置小区项目建设，项目由响水县城投控股集团承建、上海二十冶建设有限公司施工，占地面积5.37万平方米、建筑总面积13.59万平方米，其中地上建筑面积9.75万平方米，有3栋9层的商品楼、住宅楼及5栋16层住宅楼、3栋6层住宅楼、1栋2层商业楼，配套水泵房、配电房、物业、社区管理用房等；地下建筑面积3.84万平方米，机动车停车位880个。

道路

县城道路　2012年，投资1.17亿元用于黄海北路、金海路、银海路配套工程建设；珠江东路、灌江路东延配套工程。2015年，投资近3000万元，完成珠江东路（航海路至建安路）、珠江西路（幸福路至沿河路）建设，实现珠江路全线贯通；完成军民西路（汇豪小区东围墙至红旗路）、开发路（珠江路至灌江路）、灌江路（开发路至幸福路）等主路面施工；完成解放路人行道（响灌路至双园路）、金海路人行道（灌河路至珠江路）等7条主次干道、4条人行道项目建设。2020年，投资4900余万元，完成灌河路（红旗路至金海路）、东园路（灌河路至双园路）、开发路（长江路至淮河路）、双园路（幸福路至金海路）、迎宾大道（金海路至黄海路）等13条道路提升改造，其中路面黑色化10条1.19万米，人行道1.49万米，新建雨水管道9674米。2022年，投资1.28亿元，对金海路、长江路进行提升改造，改造里程7.34千米。2023年，投资近1000万元，改造紫金路、幸福路，改造里程3千米。

樱花大道（2023年5月）　王诗豪摄

农村公路　改革开放后，境内乡村道路由泥路逐步改造为砂石路。2004年起，国家对农村公路建设给予财政补助，响水镇加快五兴路、响上线、昔阳渠等镇村骨干道路建设。2018年起，响水镇对骨干道路进行提档升级，并进行黑色化改造。至2023年，响水镇有黑色化道路9条21千米；提档升级双河路、孙庄路等7条村庄道路；沿黄响河、唐响河铺设宽3.5米机耕路33.72千米。

亮化工程　1988年，响水县城仅有几十杆路灯，主要分布在灌河路、双园路、黄海路。截至1998年年底，响水县城更新安装路灯700多盏。2000年起，响水县每年组织实施亮化提升工程，编制县城照明专项规划，建设路灯亮化智能控制平台，对迎宾大道等5条道路进行氙气灯光源改造，对黄海路等6个路段铝芯电缆进行更换。完成县城次干道及后街背巷路灯设施安装，分4期完成县城亮化提升，沿街亮化楼宇221幢，在珠江路、迎宾大道、市民中心、响水湖公园等4个点位打造“亮化小品”，完成小浦居、五河居及潘庄村、苗寨村等5个村居中心路路灯建设。2023年，响水县推进城区照明设施规范化、标准化、制度化管理工作，实施城

县城夜景（2023年10月）　　王诗豪摄

市亮化提升。更换黄海路、珠江路等路段铝芯电缆，更换双园路、黄海路等路段老旧路灯控制柜，更换破损红灯笼、中国结等。实施金海路光源改造项目，灯头全部升级为LED灯头，更换了245杆490盏，加装黄海路辅道路灯106盏；及时优化道路配套路灯建设，县城各交通节点补充安装路灯95杆，修复灯头235个，有效提升县城亮化美化。

居民区建设

2007年，响水镇政府划出土地，组织小浦居、五河居实施《通榆河拆迁户建房规划》编制工作，采用拆迁补偿资金、政府配套资金、不足部分拆迁户自出的办法，分别在小浦解放路东侧和五河黄响路西侧各新建52套的农民别墅群。2009年3月，响水镇农民别墅群全部建成，水、电、路、通信、绿化及下水道等基础设施配套完整，周边环境美丽。2018年，五河居获评江苏省最美村庄和美丽乡村。响水镇政府还根据省、市、县农民住房条件改善相关政策，修编《新型社区建设规划》，启动五河新型社区建设，当年建成56户住宅楼。2021年年初，响水镇结合环境综合整治，启动农村“低矮危旧空”房屋拆除及五河新型社区二期住宅楼建设工程，同期推动五河新型社区环境提档、景点升级工程。至2021年年底，五河新型社区二期全面建成入住。一期、二期工程占地面积2.8公顷，建筑面积1.81万平方米，住户106户，同时建有健身廊道、小区绿地、花草树木、假山亭阁和农民体育场所，体现美丽乡村的人居特色。

老旧小区改造　2020年，响水镇投资943万元改造老旧小区，完成县教育局家属区、法院家属区、新东苑小区、城南新村、新城雅居苑5个老旧小区内外墙出新、围墙封堵、道路翻新、停车场扩建、小区监控、路灯、门禁系统、雨污水管网、增加消防泵站、绿化修补等工程。2022年，响水县投资5000余万元，对欧亚新城等近10个老旧小区实施外立面更新、道路黑色化、功能管网改造、停车位划分、“飞线落地”清除、公用设施配建，为有条件的老旧小区安装充电桩、加装电梯，涉及楼栋166栋，建筑面积14万平方米，惠及居民2045户。2023年，响水县投入8750万元，对交通局、人民银行、物资局家属区和泰华御景、文栖苑、兴业小区6个老旧小区进行路面黑色化、雨污水分流、绿化、屋面防水等改造提升；为有条件老旧小区新建监控、路灯、充电桩（棚）72个，惠及居民3031户。

住宅小区建设　1995年起，响水县加快城市建设步伐，结合通榆河开挖和响灌东路、幸福路等拆迁改造安置，建成东园小区、幸福小区、西园小区、怡园小区。1998年起，响水县城房地产业快速发展，建成中心小区、花园小区、嘉园小区、东苑小区、城南新村、名门春天、亚美国际等一批规模住宅小区。2008年起，响水县建成东方花园、恒美家园、清华园、时代家园、阳光雅居等小区。1995—2008年累计建成住宅小区面积78.7万平方米。2012年，响水县投资38.38亿元建设金港家园、金海家园、天工锦绣、帝逸国际、御景豪庭、港电家园、大湖富邦、盛世公馆、金海湾等住宅小区，建筑面积近165万平方米。2017年起，响水县投资近40亿元建设海悦华庭、中奥华府、华都丽景等小区，建筑面积70多万平方米。

民房改善

1998年起，响水镇基础设施建设投入逐步加大，居民生活条件得到改善，拆除危旧房屋近10万平方米，新建房屋15万余平方米。2000年起，响水镇村居新建楼房面积增多，占农村户数近10%。2008年，响水镇农村居民人均实有生活住房28.32平方米，其中楼房面积12.85平方米。2021年，响水镇加快新型社区和美丽乡村建设步伐，重点推进五河片区道路沿线危旧房改造，改造危旧房248户。2022年，响水镇改造农村危房189户。2023年，响水镇改造农村危房272户。

生态建设

生态概况

响水镇临近黄海，属淮北平原地区，地势平坦，气候温和，光照充足，四季分明，雨量充沛。2020年起，响水镇空气质量优良天数305天以上，优良率83.6%以上。饮用水水质按照国家Ⅲ类水标准评价，达标率100%。

改善人居环境　2016年，响水镇推行河长负责制，综合治理镇域内河道。2020年起，响水镇推广太阳能等清洁能源，$PM_{2.5}$年均浓度稳定在每立方米32微克以下。通榆河、黄响河等主要河道水质达到或优于Ⅲ类的比例占100%，其中集中式饮用水水源地水质全部达到或优于Ⅲ类。2023年，响水镇区域内环境噪声平均值为47.7分贝，交通噪声平均等效声级为56.3分贝，国家级生态镇创建成果得到持续巩固提升。

推进清洁生产　2000年，响水镇建成80公顷无公害蔬菜生产基地，推广生态观光农业模式和高效生态种养模式，突出河堤绿化、绿色通道、村庄绿化、农田林网建设。先后建成省级绿美村庄5个、造林绿化示范村5个、省级生态示范村1个（五河居）。市级生态示范村11个。严禁焚烧秸秆，秸秆还田率100%，综合利用率100%。2011年，响水镇被命名为国家级生态镇。2018年，响水镇获江苏省生态文明示范镇称号。

污水治理

1987年，响水县城排水主管道15条，总长1.2万米；建设检查井134个、雨水井232个、排水口24个、排水小闸8座、主要明沟8条，形成三洪河、灌河、民便河三大排水体系，排水面积4.48平方千米。1990年起，响水县城排水管网渐成体系。2000年8月30日，响水遭遇特大暴雨后，旧城区改造、新城区建设全部做到道路与排水管道铺设同步规划、同步实施、同步验收。至2008年年底，响水县城主干道两侧建成直径0.6—1米的排水管3.68万米，有排水闸13座、排水口13个。响水镇城乡主要纳水河流黄响河、佃响河、红卫河、坎响河、唐响河，全部通

三洪河（2022年5月）　王诗豪摄

过落潮纳入灌河。2009年，响水县投资1.6亿元建设日处理污水4.8万吨的污水处理厂投入运行。2014年，响水镇苗寨工业园区日处理污水2500吨的污水处理厂建成投入使用。2020年起，响水镇“关停并转”部分污染企业，督促企业实行达标排放。2021年，响水镇对8家企业采取停产限产整顿措施，关停2家塑料颗粒生产企业，拆除永胜船厂、五河砂石厂、紫竹编织厂；拆除河道非法码头4座，搬迁河堤散坟892座，清除河坎种植20.4公顷，打捞水面漂浮物2064吨，清淤17.5万立方米，新增村庄垃圾桶260只、垃圾池429处，填平废沟陈塘23处，新栽绿化苗木12万株。2023年，响水县投入2.2亿元，铺设县城排水管道90多千米，其中污水管道近70千米，县城污水集中处理率90%以上。

空气治理

1981年起，响水镇征收超标排污费。1988年起，响水镇分批改造工业锅炉，防治烟尘污染。1992年，响水县城区开始烟尘控制区建设。1996年，响水县城区建成3个烟尘控制区。2001年，响水县城对超标排放烟尘设施实行专项治理，强制拆除8个超标排放烟尘的烟囱，对15家未按县政府限期改用无烟煤为燃料的单位和个人，落实清除现场烟煤等强制性措施，对已有烟尘治理设施的单位和个人，不达标的实行停业整治。

10月，响水县城烟尘控制区建设通过市级验收。2003年，响水县城区整治浴室等服务行业超标排放烟尘行为，县城烟尘控制区面积15.68平方千米，是2000年的1.44倍。实现烟尘控制区与县城区同步建设、同步发展。2004年，响水县实施县城蓝天工程，继续提高县城大气环境质量。2011年，响水县对污染物超标的餐饮业单位下达整改通知书，限期完成整改任务。2020年起，响水镇空气质量持续好转。

河道治理

响水镇境内河道大多为20世纪六七十年代开挖，由于水土流失，河道逐年淤积。1988年起，响水镇启动河道疏浚工作。2007年起，每年按照“集中整治、分散清理”的要求，重点治理城区、农村河道。2011年起，全镇疏浚沟河30多条，疏浚土方2000多万立方米。2016年起，响水镇实行河长制，镇村（社区、居委会）党员干部与城乡沟渠、河流环保挂钩，分工包干，责任到人，确保河道长效保洁。

改水改厕

改水　20世纪七八十年代，响水镇农村大多饮用河水，90年代初，部分群众开始饮用井水，尚有部分村民饮用河水。2000年起，响水镇采取政府、集体、个人多元投入，解决境内边远村“吃水难”问题。至2008年，响水镇境内小浦、五河、苗寨、潘庄、上兴等村（居）共开凿深水井11眼，基本完成区域供水网络建设，实现区域供水全覆盖目标，全镇农户全部用上自来水。

改厕　1993年起，响水镇实施农村标

整治后的河道（2022年6月）　王诗豪摄

公共厕所（2023年10月）　　李守卓摄

垃圾分类（2023年10月）　　李守卓摄

准化厕所（有墙、有顶、贮粪池有盖、烘坑无渗漏、无蝇蛆、基本无臭味）改建，发动群众，推广造价低廉的无公害公厕和户厕。2008年，响水镇推广将厕所、猪圈、沼气联通，合建成无公害化卫生厕所。2020年起，响水镇在推进乡村振兴、提升农村人居环境工作中，进一步推进农村“厕所革命”，以每户1500元补贴，实施农村户厕改造，将原来的露天旱厕改为进户入室的屋内卫生间、将原来的蹲坑改进为坐便器，让农户生活方便、舒适，增强了农民群众的获得感和幸福感。至2023年年底，全镇共有3541户农户进行了厕所改造。

垃圾处理

1988年，响水县城有公厕21座、垃圾池30多座，清理垃圾的手扶拖拉机3台、小型真空泵5台、人力板车40多辆。1999年，响水县城建成垃圾粪便无公害处理场1座、垃圾转运站3座、水冲式公厕14座、垃圾池100多座，拥有各类环卫机械十多台、平板车60多辆，市区主要街道摆放垃圾桶、果壳箱2000多只。2005年，响水县城建设埋式垃圾中转站4座，在响水县城主干道添置垃圾桶900多只。2008年年末，响水县城城区有水冲式公厕31座，道路两侧垃圾桶、箱、池1000多只，垃圾中转站（房）4座，各种环卫作业机械18台（辆）。2010年起，响水县加大机械保洁力度，响水县城主干道长效保洁达到省级卫生县城标准。2023年，响水县城有水冲式公厕59座、垃圾中转站（房）5座，高压冲洗车、扫路车、洒水车、抑尘车、垃圾运输车等各种环卫作业机械140台（辆）。响水镇农业村（居）中建成无害化垃圾处理场1座、垃圾中转站5座，设置垃圾投放点1617个；水冲式公厕9座，配备垃圾保洁车60辆、清洗车2辆、垃圾运输车2辆。

绿化

园林绿化　2012年，响水镇在大幅提高绿化覆盖率的同时，不断提高园林绿化养护管理标准，投入200多万元，对县城主次干道苗木定期施肥、除草、浇水和修剪。总投资1.2亿元的东鸣湖水库综合性大型公园，占地面积40万平方米，基本完成湖体开挖。2015年，投资3000万元用于东海路绿化带工程，新增绿地面积14.5万平方米，完成栽植乔木7000株、灌木5万株、地被7000平方米；投资4500万元用于迎宾大道绿化带及道路外侧景观带工程，新增绿地面积24万平方米；投资1500多万元用于灌江东路、银海路、四排河、通榆河堤、晨曦公园等绿化工程，新增绿地面积10万平方米；投资300万元改造纪念碑广场公园；投资200万元用于灌江路与锦绣路交叉口、灌江路与开发路交叉口、灌江路与通榆河堤路交会处等10个节点绿化工程。2022年，响水县以公园绿地、园林生态景观、道路和水系为中心，以街道绿化、小区绿化、口袋公园为重点，丰富园林绿化建设内涵，优化人居环境，提升城市品位。完成县城区新建和改造口袋公园8个及道路绿化项目4个，新增绿地面积5.4万平方米，消除裸土3.3万平方米，新栽和补植香樟等行道树860余株；完成双园路西延和开山路等新建道路行道树栽植工作。2023年，响水县投资376万元，提升城市道路、公园、机关单位等林荫面积，更换重要节点时令四季花草，实施北海路东侧、开元路育才中学

东侧行道树栽植工程等。

村庄绿化　中华人民共和国成立前后，响水口集镇砖石铺砌的街道两侧基本无树木，只有居民家前屋后零星栽植或自然生长的古槐、杨柳、楝树等林木。1966年，响水建县后，集镇不断发展扩大，政府越发重视园林绿化工作，县城主干道两侧绿树成荫。1997年6月，响南乡部分村并入响水镇后，响水镇党委、政府重视乡村绿化的一体推进，每逢冬春时节，组织、动员村（居）群众在家

村庄绿化（2021年3月） 李守卓摄

前屋后栽植桃树、梨树、杏树、枣树等经济林种，在沟、圩、路旁栽植意杨等速生丰产林，不断扩大村级农田林网、成片林和四旁植树的规模。2000年，镇区内林木覆盖率已提升到24.7%。2011年起，响水镇重视生态环境建设，发动机关单位栽种“书记林”“共青林”“三八林”，补植农田林网333.4公顷，栽植成片林20公顷，四旁植树1.5万株。2012年，响水镇五河村招商引资1.1亿元，在五河二组实施农业科技园项目，栽植葡萄4.34公顷，樱桃、核桃23.4公顷。2014年，潘庄村改造、新拓优质梨园93.4公顷。2017年，苗寨、上兴等村新植成片林77.4公顷，镇村主要道路全部建成绿色林荫大道。城区响水湖城市公园、法治广场、纪念广场、花海大道以及三洪河风光带、通榆河绿化带都已成为城市绿化的特色景点。2023年，响水镇的森林覆盖率达31.6%，栽植树木0.67公顷以上的林业大户有14户。城南居、五河居、潘庄村、苗寨村被命名为省级森林村庄。

3 区域振兴

响水镇结合实际，积极有效实施乡村全面振兴战略，对田、水、林、路进行全要素全域规划、全域设计、全域整治，连片建设高标准农田，集中盘活存量建设用地，修复治理农村生态环境，逐步实现“农田集中连片、建设用地集中集聚、空间形态高效节约”的土地利用新格局。2020年起，响水镇按照高起点规划、高标准建设要求，综合实施五河片区开发，统筹开展五河片区人居环境整治、农房改善、生态河道与绿色廊道建设等工作，推进生产、生活、生态空间全要素治理，走出一条公共空间治理特色道路。

五条河（2023年5月）　高圣峰摄

基础设施

魅力五河
筑梦前行

道路升级

响水镇在推进乡村全面振兴过程中，加快五河片区综合开发，2020年起，铺设3.5米宽公路17.19千米；新增黑色化道路21千米，村庄道路提档升级，普遍由原宽3米拓展至6米，先后完成片区五兴路、响上线、昔阳渠等9条主次干道黑色化工程，新204国道绕城段全线通车，镇村水泥公路四通八达，方便了村民出行，有效地改善了村民的生产生活环境。

桥梁闸站

2020年起，响水镇新建电灌站52座，建设桥梁20座、涵洞793个，建设斗渠14.45千米、农渠13.12千米、斗沟95.53千米；土地调整1393.4公顷。

改水改厕

2020年起，响水镇五河片区先后改厕3541座；改水（包括污水处理）34.75千米；自来水入户5268户，自来水入户率100%。

农房改善

2020年起，响水镇五河片区将美丽乡村项目作为乡村振兴的重中之重，以农房改善行动为切入点，以公共空间治理为着力点，重点打造农、文、旅融合发展项目。在农房改造中，新建的农家院落、乡村别墅既保留传统元素，又注入现代化的设计理念，将东方文化融入建筑设计之中，散发着古朴而又独特的韵味，农房改善有效提升了村居的“颜值”和“内涵”。五河新型社区占地面积8公顷、建筑面积4.02万平方米，安置198户。上兴村新老融合点占地面积4.07公顷、建筑面积1.31万平方米，入户96户。小浦南水北调小区占地面积1.98公顷、建筑面积9392平方米，入户56户。通过建设新型社区已安置610户1830人。其中2023年响水镇改造农村老旧房屋216户，包括新建房屋118户。

河道整治

2020年起，响水镇先后组织对五河片区5个村（居）共29条河道进行整治，疏浚河道44.3千米，清理水面生活垃圾、杂草等漂浮物，打造河网连通的水系空间，铺设生态砖护岸25.3千米，使用木桩护岸36.4千米，填充型水土保护毯护坡2.6千米。并补绿添绿，种植护坡草皮3.6万平方米，绿化河道46.39万平方米，积极打造水清、岸绿、河畅、景美的生态环境，使原本脏乱差的乡村河道重新焕发生机。

公园绿地

2020年起，响水镇通过公共空间治理，充分利用收回的村庄内部土地，建设小广场、小绿地、小舞台，满足群众休闲娱乐需求。

全域综合整治项目前后对比图

全域综合整治项目前后对比图　李守卓供

第一届梨花节（2023年4月）　　响水融媒供

小浦居公园　公园位于解放路东侧，村部南侧，占地面积1500平方米，公园建有广场、八角凉亭等，配备健身器材，成为村民休闲、健身好去处。

红卫河公园　公园位于红卫河北（原关帝庙处），占地面积7000平方米，公园内有绿地、小径，可欣赏红卫河两岸田园风光，园内建有公厕，方便游人。

五河小区公园　公园占地面积1400平方米，公园内建有文化长廊和八角凉亭，园内有五河村志牌。

保洁服务

2020年起，响水镇五河片区投入1745人次劳力，清理整治房前屋后806户，拆除破旧废弃厕所79座，鸡圈、猪圈127座，清理杂物2087车次，其中各村居房前屋后共清理1773吨；共拆除沿河私搭乱建56处，治理乱耕乱种、乱堆乱放数十处。2023年12月，滨湖物业服务有限公司接管五河片区的保洁项目，具体负责苗寨村、潘庄村、上兴村、五河居、小浦居等物业服务。公司安排员工60多人，保洁车60辆、清洗车2辆、清运车2辆，用于片区绿化、保洁服务。

园区工业

五河片区工业园区位于新204国道东侧，黄响路西侧，入园企业以纺织服装、新材料为主。园区占地面积20公顷，建有23幢厂房及办公楼。东侧园区由响水县城投集团有限公司2014年年底开始投资建设，占地面积10公顷，已建成标准厂房14幢6.58万平方米，其中综合办公楼1幢3000平方米，污水处理厂1座，日处理2500吨。入园企业17家，其中规模以上企业10家，分别为江苏先通精密机械科技有限公司、江苏旭泰电子科技有限公司、江苏沛思福板材有限公司、盐城久恒纺织品有限公司、盐城纺织新材料有限公司、盐城华景祥智能门窗有限公司、响水佰帛服饰有限公司、吉川（响水）防护用品有限公司、响水齐雨纺织品有限公司、响水县鑫宏纺织有限公司。2023年，园区企业开票销售达2.45亿元，税收1338万元，吸引近400人就业；西侧园区占地面积10公顷。2018年，园区被评为盐城市5A级乡镇工业园区、江苏省中小企业示范园。

江苏祥瑞药业有限公司　创办于2003年12月，产品有阿奇霉素分散片、盐酸二甲双胍缓释片、非那雄胺胶囊、罗红霉素胶囊、盐酸左氧氟沙星胶囊、克拉霉素胶囊，妥布霉素滴眼液、氧氟沙星滴眼液、乳酸环丙沙星滴眼液、盐酸洛美沙星滴眼液等11个品种、20多个规格的药品。拥有基于盐酸二甲双胍缓释片制备沸腾干燥机、便于调节的二甲双胍缓释片生产用辅助装置、应用于罗红霉素胶囊生产的烘干装置、方便物料均匀混合的罗红霉素胶囊用混料装置、降血糖的盐酸二甲双胍缓释片生产设备等20多种专利产品。公司先后获得江苏省五一劳动奖状、盐城市五一劳动奖状、江苏省优秀企业、江苏省家门口创业就业示范点、盐城市质量诚信示范单位、盐城市安全生产先进单位、盐城市五一劳动巾帼标兵岗等奖项。2023年，公司实现销售收入4460.53万元，纳税298.96万元。

江苏先通精密机械科技有限公司　创办于2018年5月，产品有精密机械设备、动力设备、智能设备、通信设备、电力电气设备、工业自动化设备及生产线，机电产品及零配件的技术开发、技术服务、安装、维修服务及制造销售以及计算机软硬件技术开发、线路板设计、汽车及摩托车零配件、精密模具、夹具的设计、开发、制造等。拥有链条式气胀轴用主轴同轴度检测装置、不易变形的气胀轴刹车盘、多气囊气胀轴、故障率低的气胀轴放气装置、受力均匀的气胀轴、摩擦均匀的气胀轴、外置胀健的气胀轴、凸健式气胀轴膨胀管改进结构、气胀轴气嘴、气胀轴的制动机构等17个实用新型专利。公司先后获得国家高新技术企业、江苏省民营科技企业、盐城市工程技术研究中心专利认定证书。2023年，公司实现销售收入2091.01万元，利税35.59万元。

小浦家具市场　始建于2019年，位于小浦核心地段，城西解放路西侧，占地面积3公顷、建筑面积7万平方米，是响水县内唯一经政府批准的家具类大型专业市场，是一家县内单体规模最大、环境最优、配套设施齐全的现代化家具市场。家具市场定位为大众消费，引进国内60多个品牌家具，中低档产品齐全，批发零售兼营。2023年，小浦家具市场有仓库64间、商户36家、前店后厂4家，年营业额5300多万元。

果蔬基地

蔬菜种植是响水镇的传统产业，2023年，片区种植蔬菜850公顷，年产量7.68万吨。蔬菜专业村小浦居有大棚蔬菜种植基地600多亩，种植大户17家，建有蔬菜大棚30多个，常年种植芹菜、韭菜、青蒜、青菜以及菠菜、水萝卜等，每个大棚年收入约6000元。

西蓝花种植基地　2018年，浙江客商王洪青以每亩1000元的价格，从上兴村农户手中流转土地800公顷，种植西蓝花。2019年，响水镇投资1200万元兴建保鲜库800平方米，可存放西蓝花500吨，解决客商西蓝花保鲜问题。产品畅销全国各地，还远销日本、韩国、美国等国家，带动300名农民就业，每年每人增收6000元以上。

潘庄赤穗梨种植　1992年，潘庄村发展266.7公顷优质赤穗梨，成立潘庄赤穗梨生产专业合作社，创建潘庄赤穗梨品牌，在上海、苏州、无锡、常州等地区设立潘庄牌赤穗梨销售点。1998年，潘庄村赤穗梨园全面进入盛果期，年上市赤穗梨5000吨，梨农创收500余万元。2002年，潘庄村赤穗梨顺利通过农业部有机食品认证中心（南京）的认证，获得有机食品认证。为让赤穗梨口感更好，合作社从山东莱阳引进优良品种，邀请专家开展技术培训，不断提升梨的品质。“合作社+农户”模式成效显著，80多户农户加入合作社，种植面积逐年扩大，潘庄赤穗梨口感好、汁多、甜脆，远销苏州、上海、浙江、山东等20多个定点果品市场。

潘庄村还充分利用梨园特色，建设集赏花、休闲、野趣、品果、科普、购物为一体的乡土文化区和“网红打卡”地。着力打好农旅品牌，每年梨花盛开季节举办梨花节，周边前来赏花的游客络绎不绝，潘庄村头、黄响路旁

村民采摘（2008年9月）　　响水融媒供

的农家饭店生意红火。游客们赏完梨花后到农家饭店品尝田园美味，也可以自己到农家田园里割韭菜、挑青菜并到厨房展示厨艺，原生态、无公害的绿色食品受到游客青睐。

附：2023年“响水·潘庄”首届梨花文化月

“梨花繁胜雪，最美四月天”，2023年4月1日，以“万里春来响 满城梨花香”为主题的2023“响水·潘庄”首届梨花文化月正式启动。活动当天，吸引大批市民、游客前来欣赏千亩梨园繁花盛开的美景，品赏富有梨乡情韵的“文化大餐”。

文化月活动包括梨花文化月开幕式、“梨花飞韵”文艺汇演、“盛世梨韵”“潘庄·1922”梨品及系列农产品预售会、“醉美神韵”非物质文化遗产等主题展览、“香雪美韵”摄影采风、“东方旗韵”梨花旗袍秀、“梨乡诗韵”主题朗诵诗会等活动。

畜禽养殖

鸵鸟养殖　2022年8月，上兴村六组村民王得金通过市场调研和考察，投资100多

上兴村鸵鸟养殖场（2023年7月）　　李守卓摄

响旺蛋鸭养殖基地（2023年7月）　　李守卓摄

八戒畜禽养殖有限公司特种羊养殖（2023年7月）　　李守卓摄

万元发展鸵鸟养殖。鸵鸟养殖占地面积近2600平方米，养殖鸵鸟120多只。其产品主要有鸵鸟苗、鸵鸟蛋、鸵鸟种鸟，市场行情较好。鸵鸟全身都是宝，鸵鸟肉和蛋可以食用，蛋壳和羽毛可制作工艺品，鸵鸟皮可制作皮革制品。市场上每只鸵鸟蛋售价150元左右，鸵鸟每年产蛋20多个，年收入30余万元。

蛋鸭养殖　2017年10月，潘庄村通过招商引资，引进浙江客商李国平兴办响旺蛋鸭养殖专业合作社，建设蛋鸭养殖基地占地面积13公顷，建有36个鸭棚，每棚饲养蛋鸭6000多只，一次可饲养蛋鸭20多万只，年销售收入超千万元。村里通过收取养殖基地租金，每年可增加集体收入近20万元。

特种羊养殖　2022年10月，潘庄村投资20万元，成立八戒畜禽养殖有限公司，养殖基地占地面积0.34公顷，主要发展大棚山羊养殖，品种主要有黑山羊、波尔山羊、奶山羊、萨能山羊、红鹿奶山羊等。2023年，饲养山羊数百只，年销售收入十多万元。

副食品生产

豆制品生产　潘庄村、小浦村、五河居自古以来就有生产豆制品的传统。2020年起，使用传统点卤技术生产豆腐等豆制品，因鲜嫩、香浓、口感好，备受消费者青睐。农户改用传统点卤技术（1斤黄豆可以做2.5斤豆腐），生产豆制品的越来越多。其中村民王锁来每天用50千克黄豆生产豆腐，以每斤3元钱价格销售，足不出户就被抢购一空。

红薯粉丝　上兴、潘庄、苗寨等村农户有制作红薯粉丝的传统，红薯由本地村民种植，正常3—4斤红薯可以加工1斤红薯粉，1斤红薯粉可以制作0.8斤粉丝，制作的粉丝有商人上门收购。上兴、潘庄、苗寨等村年产红薯500吨左右，生产红薯粉150吨，生产粉丝120吨，农户年收入200万元以上。

红薯粉丝（2016年12月）　李守卓摄

五排河公园（2022年5月） 王诗豪摄

4 文明建设

1980年起，响水镇以提高人民群众思想道德素质和科学文化素质为目标，开展以公民道德教育、职业道德教育、家庭美德教育和志愿服务活动为形式，以选树文明户、五好家庭、好婆媳、文明村民为主要内容，以镇党校、村居党群服务中心为载体，深入持久地开展精神文明建设。进入21世纪，响水镇把创建全国文明镇、国家级卫生县城、江苏省先进基层党组织、江苏省卫生城镇等目标分解落实到文明创建各个环节，弘扬“知荣辱、讲文明、促和谐”时代新风，取得明显成效。2011年，被评为盐城市文明镇。2016年9月，被评为江苏省文明镇。全镇形成人民和谐、乡风文明、积极进取、奋发向上的社会氛围。

文明教育

公民道德教育

1982年2月14日，中共中央办公厅转发中宣部《关于深入开展“五讲四美”活动的通知》，将每年3月定为全民文明礼貌月。1983年，“五讲四美”（讲文明、讲礼貌、讲卫生、讲秩序、讲道德，心灵美、语言美、行为美、环境美）内容发展为“五讲四美三热爱”（讲文明、讲礼貌、讲卫生、讲秩序、讲道德，心灵美、语言美、行为美、环境美，热爱祖国、热爱社会主义、热爱中国共产党），通过学习雷锋精神和当地先进模范人物事迹，提高干部群众思想道德素养。1984年，响水镇开展普及礼仪知识宣传，编印礼仪应知应会手册3.2万册，分发至全镇村（居）、机关、企事业单位、学校。镇村（居）制定乡规民

公民道德教育（2023年10月）　　李守卓摄

约、家庭文明公约和文明村（居）公约，加强公民思想道德建设。

1985年，根据盐城市委、响水县委统一部署，响水镇党委组织开展有理想、有道德、有文化、有纪律“四有”新人教育活动。教育党员干部树立共产主义思想，增强开放意识，改进作风，廉洁自律，全心全意为人民服务。村（居）民教育涉及热爱祖国、热爱社会主义、热爱中国共产党以及科技知识、爱岗敬业、遵纪守法、移风易俗、勤劳致富、计划生育等方面。1992年起，响水镇妇联、共青团开展“巾帼建功、春蕾计划”、争当新长征突击手和青年创业者等活动，推动“四有”新人教育深入开展。

2006年3月，响水镇开展以“八荣八耻”（以热爱祖国为荣、以危害祖国为耻，以服务人民为荣、以背离人民为耻，以崇尚科学为荣、以愚昧无知为耻，以辛勤劳动为荣、以好逸恶劳为耻，以团结互助为荣、以损人利己为耻，以诚实守信为荣、以见利忘义为耻，以遵纪守法为荣、以违法乱纪为耻，以艰苦奋斗为荣、以骄奢淫逸为耻）为核心的社会主义荣辱观教育。2013年，响水镇开展践行社会主义核心价值观主题教育，利用道德讲堂对村（居）民进行以“富强、民主、文明、和谐，自由、平等、公正、法治，爱国、敬业、诚信、友善”为主要内容的社会公德、职业道德、家庭美德、个人品德教育，通过听好人道德故事，悟模范优秀品质；看图片、视频，把典型事迹形象化、具体化，使之更加可敬、可信、可学；讲自己或身边好人故事，展示道德智慧、传播道德力量；议身边好人故事，升华自身道德境界；向群众推荐、评选身边的先进道德人物、凡人善举；引导居民认知、接受先进人物的优秀品质，见贤思齐，规范行为，弘扬道德文化，完善大爱人格，提升文明素质，创建和谐社会。2023年，响水镇开展“移风易俗树新风”教育活动，健全镇村道德评议会、红白理事会、道德讲堂等活动载体和平台，通过横幅、广播、电子屏、送戏下乡等宣传形式，强化移风易俗主题宣传，引导群众不铺张浪费、不盲目攀比、做勤俭节约树新风的倡导者。全年镇13个公民道德讲堂开课136场次。

职业道德教育

20世纪80年代，响水镇在机关干部中开展“全心全意为人民服务”思想教育，广泛开展学习焦裕禄活动。90年代开展“提升服务能力、提升服务水平，自觉抵制市场经济负面诱惑”教育。2000年起，开展“廉洁自律，勤政为民，做人民公仆”教育。2015年起，组织学习《中华人民共和国公务员法》，成立优化发展办公室，狠抓机关作风建设，镇纪委对机关干部办事不力、推诿扯皮、吃拿卡要等不良行为进行曝光。组织机关干部下基层，建立联系户、联系村、联系企业等制度，帮助困难群众脱贫致富；同时加强对机关干部行为的规范管理。

1986年起，教育系统开展以“爱岗、敬业、奉献”为主题的教育活动，教育教职工

职业道德教育（2023年10月）　　李守卓摄

热爱本职工作，提升师德水准。1998年，镇成立“师德师风建设”领导小组，出台整治行风、校风、教风相关文件，2000年起，进行教育行风评议，要求教师为人师表，不搞有偿家教。

1995年，卫生系统开展“弘扬白求恩精神，做白求恩式的医务工作者”教育活动。2000年，开展创建“无红包医院”和创评“群众满意好医生”活动，全面推行服务承诺制、医务信息公示制、首诊负责制，树立卫生行业良好形象。

1986年，各行各业结合行业特点，有针对性地加强职业道德建设。工业企业突出“质量第一、用户至上、讲究信誉、文明生产”教育；商业企业突出“礼貌待人、热情服务、买卖公平、货真价实”教育；金融、交通、邮电系统开展“尊客、安全、优质、服务”教育活动。1994年，以窗口单位为试点，开展“加强行风建设，培养优良职业道德”教育活动，协同制订和完善职业道德规则，共同督促实施。1997年，企事业单位开展“爱岗敬业、诚实守信、办事公正、服务群众、奉献社会”的道德风尚教育，开展创建文明行业、文明窗口的达标活动。2000年，举行第一个“公民道德宣传日”——“9·20”组织千人“诚信响水”大型广场宣誓签名活动和街头宣传咨询活动，个体经营户代表向全县发出诚信倡议，并开展“四不”（不短斤少两、不哄抬物价、不以次充好、不制假售假）诚信经营活动；组织各窗口行

家庭美德教育（2023年10月）　吴丽娟摄

业开展“诚信建设看窗口”百日竞赛活动，协调有关部门以滨江路步行街为重点，开展“诚信一条街”创建活动。同时，组织金融、工商、税务、质监、物价等部门，研究制定诚信等级制度，建立工作对象诚信档案，制定相应的奖惩措施，结合“诚信经营带头人”评比，推进社会信用体系的形成，《新华日报》专题报道响水县诚信建设活动的情况。2018年起，开展“厚德盐城、德耀响水”等系列活动。

家庭美德教育

1984年起，响水镇在农村开展遵纪守法户、五好家庭户、双文明户和创建文明村的“三户一村”创评活动。1986年，响水镇“三户一村”创评突出宣传移风易俗、提倡文明健康的生活方式，破除封建迷信，反对红白喜事大操大办、狠刹赌博风。2000年，响水镇组织开展以“团结互助、尊老爱幼、文明礼貌、敬业爱岗、遵纪守法”文明家庭创建和以“五爱”（爱祖国、爱人民、爱劳动、爱科学、爱社会主义）、“四有”（有理想、有道德、有文化、有纪律）、“三德”（社会公德、职业道德、家庭美德）为主要内容的家庭美德教育。开展文明新风户评比活动，2002年，响水镇农村开展文明家庭三级评比活动，以文明家庭为基础等级，评选产生十星级文明户；在十星级文明户的基础上，评选产生百佳文明家庭。2003年，响水镇在创评“三户”和十星级文明户基础上，开展新“三户”（文化中心户、科技示范户、诚信标兵户）创评活动。年初将创评标准张贴至村民小组，宣传到户，做好示范，坚持以群教群，引导农民兴业、立业、创业、富业、乐业，掀起全民创业潮。2008年，响水镇开展“文明和谐家庭创建”活动，把家庭美德教育融进文明创建活动之中。2013年，响水镇开展“立家庭美德、树时代新风”活动，发放响水镇居民文明礼仪手册2000余册。为进一步深化家庭美德教育，由镇妇联、宣传文明办负责，开展“最美家庭”“书香家庭”的选树和培养活动，先后组织“最美家书”“家风家教”等征文活动，弘扬中华民族家庭传统美德、树立良好家风，努力践行社会主义核心价值观，2022年起，响水镇在开展家庭美德教育和“文明家庭”评选中，用典型引路，充分发挥榜样在群众中的示范引领作用，镇村家庭和美，社会文明和谐。

未成年人思想教育

1988年起，响水镇境内小学开设思想品德课，初中开设政治课，对中小学生进行系统的思想品德教育。1993年，学校思想政治教育以面向现代化、面向世界、面向未来“三个面向”为中心，突出国情教育、良好品德教育、习惯养成教育、礼仪教育四个重点。1996年，国家教委《爱国主义教育实施纲要》《中小学生日常行为规范》颁布后，各学校建立起以共青团、少先队、班主任、家长代表参加的德育工作队伍。2007—2017年，响水镇各学校认真贯彻《中共中央关于进一步加强和改进未成年人思想道德建设的若干意见》，进一步整合学校、家庭、社会教育资源，共创文明校园。学校成立以校长、德育工作主任、少先大队辅导员、家长委员会代表为成员的德育工作领导小组，建立校内德育工作网络，加强值日管理，开展标兵班级评选。学校根据每月德育教育主题安排活动，“三八”妇女节给学生布置亲情作业，“五一”劳动节举行“我是快乐的小主人”活动，“六一”儿童节开展文艺会演以及“爱我家乡”演讲比赛，举行讲故事、写字、绘画、下象棋、打乒乓球、篮球比赛、体操表演、鼓号合奏、电脑课件制作等活动。在建党纪念日、“八一”建军节，未成年人入学、入队仪式和班会、队会上，组织有针对性、趣味性的特别活动，运用各种形式进行思想道德建设。平时，通过升旗仪式、国旗下讲话、校园广播、黑板报、中队活动、墙报以及课外活动、校外教育基地等系列途径，对学生强化爱国主义、集体主义、社会主义教育，使学生树立正确世界观、人生观和价值观。2020年起，响水镇组织开展青少年“网上祭英烈”网络文明传播活动，培养未成年人爱国情操；组织开展“大手拉小手，共建文明城”活动。2022年起，响水镇通过开设心理咨询热线、建立网络平台、举办心理讲座等方式，提高未成年人心理素质、增强心理适应能力。开展“童心向党”“请党放心、强国有我”“扣好人生第一粒扣子”等教育实践活动，培养未成年人爱党爱国情操。常态化组织开展“四仪”（入学仪式、成长仪式、青春仪式、成人仪式）示范观摩活动，引导青少年坚定理想信念、强化责任担当，立志服务人民、回报国家社会。

银河路小学展演《千字文》（2023年12月）　　响水文广旅局供

“保护母亲河　守护灌河水”志愿服务活动（2023年3月）　　李守卓摄

社会志愿服务

2001年，响水镇社会志愿服务求助中心正式启动，印发社区服务卡5000多份，对全镇36名孤贫儿童落实结对帮扶志愿单位、帮教志愿老师和监护人等。2005年，响水镇搭建社区志愿服务平台，村（居）、单位、学校先后成立“学雷锋、见行动”志愿服务组织。2010年，响水镇成立志愿服务站，并指导村居、单位，完善社区空巢老人志愿服务站，对志愿者进行多种形式培训。2012年，响水镇志愿服务工作深入践行“学习雷锋、奉献他人、提升自己”的志愿服务精神，开展“手牵手、一起走”村（居、社区）13个志愿服务项目。2019年，响水镇东园小区被评为盐城市最美志愿服务小区。2021年，响水镇开展“学雷锋践初心　向建党百年献礼”主题活动。2022年，响水镇常态化开展“帮群众所需、解群众所难”系列活动。2023年，响水镇组织文明单位开展“文明交通劝导”“助力乡村振兴战略”“弘扬时代新风”等志愿服务活动。

王得付

王得付，男，1965年生，响水镇上兴村人，出租车司机。2007年8月18日，台风“圣帕”逼近苍南，王得付完成赤溪镇应急服务；9月18日，台风“韦帕”警报又起，王得付每天连续工作12小时以上，转移93名群众及大量物资。台风过后，王得付到医院检查，发现已是肝癌晚期。他没有惊动任何人，悄悄地离开了苍南县回到家乡治疗，终因病情恶化，医治无效，于11月21日不幸病逝。病逝前，王得付主动要求去世后无偿捐献眼角膜。2007年，王得付被温州市委、市政府评为温州市抗台救灾先进个人；被盐城市人民政府评为盐城市见义勇为先进分子。2008年，王得付获感动苍南十佳人物和江苏省道德模范称号。“好的哥”王得付带病抗灾、舍己救人的事迹先后被中国文明网、《新华日报》、《浙江日报》等20多家媒体宣传报道。响水、苍南两地县委主要负责同志分别作出向王得付学习的批示，江浙两地掀起了学习王得付先进事迹的热潮。

王　剑

王剑，男，1972年6月生，响水镇上兴村人，新风志愿服务中心理事长。1999年起，他到浙江省苍南县开出租车，带领100多名江苏籍驾驶员成立防汛应急江苏车队，并担任队长。先后多次参与抗击台风的抢险救灾，共出动车辆600多车次，运送物资400多次，转移受困群众1.1万余人。2015年12月5日，他创办新风志愿服务中心，“小蝌蚪找老师”慰问帮扶活动在浙江苍南县马站镇拉开序幕，这项活动以“关爱老人、尊重老人、扶助老人”为主旨，通过对特定山区1000多位退休（病休、离休）老师的走访、慰问、关爱、扶助，让老人在精神上得到慰藉，生活上愉悦幸福。王剑先后荣获首届十佳新龙港人、苍南县最美司机、响水好人、温州市的士之星称号。2015年，王剑被评为盐城好人、浙江省出租车服务明星、最美浙江人——百姓身边的“活雷锋”等荣誉称号。2016年3月，他被中央文明办评为“中国好人”。

秦　凯

秦凯，男，1989年2月生，响水镇苗寨村人。2022年3月29日，秦凯在家附近的昔阳渠边发现一辆三轮车滑入水中，他三次跳入冰冷的河水，艰难施救，将车内祖孙4人全部营救上岸。秦凯和群众一起对他们进行心肺复苏，成功挽救4条生命。秦凯先后获“盐城好人”“江苏好人”等荣誉称号。

响水镇市民公约

热爱祖国　建设响水
遵纪守法　团结奉献
勤劳节俭　移风易俗
明礼诚信　友善包容
孝老爱亲　邻里和睦
热心志愿　友爱互助
保护生态　美化家园

响水镇五河社区居民公约

爱党爱国爱社区，学法用法守法纪。
戒毒扫黄不吸毒，助残济贫献爱心。
邻里团结讲礼貌，敬老爱幼夫妻和。
互帮互助讲文明，远亲真不如近邻。
轻推轻放楼道门，不发嗓音不扰民。
公共区域禁堆物，室内室外勤打扫。
保护环境讲卫生，垃圾分类不乱扔。
文明养犬守条例，免疫预防是关键。
飞线充电危害大，火灾隐患防未然。
居民公约共遵守，同心协力创和谐。

5 红色印记

响水镇经历过抗日战争烽火、解放战争风云，响水镇人民具有光荣的革命传统和崇高的爱国主义情怀。抗日战争时期，响水镇是新四军第3师可靠的后方；解放战争期间成为国共争夺的战略之地；在淮海战役中，响水镇人民踊跃参军支前，大力支援配合人民军队的对敌斗争。为中国人民的解放事业和中华人民共和国建设事业，响水镇有60多名英雄儿女献出了宝贵生命，一座座丰碑铭刻着永恒的红色记忆。

响水烈士陵园（2023年9月）　　响水融媒供

抗日图存

响水口地理位置十分重要，古有“东海迴南、西朐挹秀、南襟淮甸、北枕云台”之称，乃兵家必争之地。国民革命军北伐，曾在境内与孙传芳部作战。1939年3月1日，侵华日军从灌河口登陆，占领响水口，在淮海路北建东围门，在红旗路与响灌路交叉口（南园大闸）建南围门，在民便河西解放路（一排河）建西围门，在红旗路制线厂北大门建北围门，实施铁桶式管制。当时的中共地下组织主要在迴南书院、天后宫等地开展活动。天后宫在德路桥东、阮汉波家西侧供奉护航女神天妃塑像，系众渔民出海前的祭祀求福之处；迴南书院是灌云县公立第五小学前身，1930年创办最早的私立商业初级中学（天后宫），也是中共地下组织聚集发动学生运动的根据地。在迴南书院，革命先辈吴强、安其生、恽逸群等人都曾以教书为掩护，在此组织开展抗日救亡活动。在响水口，成立南园交通站等抗日组织，孙南绘任交通站站长，孟庆余任副站长，李宽立任交通员，他们积极搜集日伪情报，有效送往周边方强、周集等地的中共地下党抗日武装组织。1942年秋，当地民间英雄金玉山率兄弟多人在三岔口打死日军9人，从此，民众抗日救国士气高涨。日军恨之入骨，杀害金玉山后，日军将金玉山人头悬于北大桥东示众数日。在中国共产党的领导下，响水口人民积极行动，走上抗日图存道路，与日军展开了殊死抗争，留下荡气回肠的赞歌。

响水口战斗

1939年3月1日，侵华日军从灌河口登陆，首先占领陈家港和响水口。响水口也是国民党反动军队徐继泰部长期盘踞的老巢。中国共产党领导的人民军队，与日伪军和国民党顽固派在响水口经历了“四进三出”的艰苦斗争。

1943年11月7日晚，新四军第3师副师长张爱萍率22团、24团、滨海县总队、涟东县总队冒雨奔袭响水口。战斗从8日凌晨2时30分打响。新四军一部攻击响水口西围门，打垮驻守关帝庙的伪保安1团第1大队和独立中队。另一部攻打响水口西的三岔口伪军据点，将伪军逼进几处比较坚固的屋子里。新四军战士爬上屋顶，往屋里扔手榴弹，打得伪军狼狈不堪。8时许，新安镇日伪军数百人赶来增援，新四军遂撤出战斗。此次战斗，新四军俘获伪中队长顾亩祥、耿万年、彭益山、徐子林及以下官兵90余人，毙敌30余人，伤敌40余人；缴获步枪89支、驳壳枪4支、战马1匹、自行车2辆、子弹千余发。新四军伤亡20余人。

1945年9月19日，新四军第4师30团对响水口伪军徐继泰部发起攻击。新四军指战员突破两道铁丝网后越过10米多宽、3米多深的壕沟，冲入市区。伪军弃据点渡灌河向新浦、连云港方向溃逃。这次战斗，共击毙伪军20余人，俘11人，史称响水口第一次解放。

1946年7月，国民党军向华中解放区发动进攻。10月，新四军主力部队北撤，形势紧张。11月底，响水县委、县政府机关主动撤离响水口，转移到老舍的戈庄、刘庄一带农村，领导全县军民，坚持原地斗争。响水口又被徐继泰部队（徐部为国民党收编）占领。

1947年6月4日夜11时，解放军华东野战军第10纵队的1个团，对响水口实施包围。12时，解放军从东、东南、西三面发起攻击，突破西街土圩，徐部商巡总队一部退至民便河西圩内固守。从东面突入圩内的解放军占领了街头学校，直逼徐继泰的指挥部。国民党商巡总队的1个大队在解放军猛烈的火网下突围，渡河北逃，被解放军击毙于河中数人，淹死甚多。6日下午4时许，街东1个四合院内国民党军队负隅顽抗，解放军7连在迫击炮的配合下将其攻克。距响水口2.5公里的三垈，为响水口左翼前哨，国民党驻有重兵，工事坚固，易守难攻。此次战斗，解放军同时攻击三垈部与响水口部，战斗异常激烈，久攻未克。7日晨，与响水口解放军同时撤出战斗。这次战斗，解放军虽然没有全歼驻响水口之国民党军队，但缴获60、82迫击炮各1门，轻机枪3挺，掷弹筒1具，冲锋枪1支，长枪、短枪100余支，电话机1部，收音机1台，战马8匹，自行车5辆，枪炮子弹十万余发，西药十余箱；毙伤国民党商巡总队副官处长韩少轩、第2支队小队长刘完钳、第3支队小队长乔雨春及以下官兵200余人，俘获国民党涟水、灌云、阜宁三县军事股长徐洪莱、主任张国新以及还乡团400余人。6日晨，商巡总队一部向陈家港逃跑，至双港时遭双港区田万涛民兵精干班迎头痛击，击毙6人，俘获1人，缴获步枪4支、子弹30余发。同日晨，马洪亮率部300余人，从陈家港出发，增援响水口，8时许行至九港，与伏击的县民兵总队激战6小时，被打伤20余人，遂退回陈家港。

1948年4月6日凌晨，华东野战军第12纵队35旅103团、104团、105团对驻响水口国民党军徐继泰部实行战役包围，105团担任主攻，103团在西南角佯攻，104团在灌河北打援（可能从新浦、海州增援之敌）。上午扫清外围据点，打进东大街。午时，解放军对河西的徐部指挥部发起总攻，20分钟结束战斗。打死、打伤国民党军20余人，俘获盐警总队第6大队大队长汤其西、中队长刘景顺、王天锐、吕桓、吴同仁及以下官兵600余人以及还乡团100余人；缴获轻机枪5挺、长短枪500余支、电台1部。驻守陈家港的徐继泰另一部闻讯后连夜逃向板浦。曾被日军、伪军、国民党顽固派长期统治的响水口，终于获得了彻底解放。

平暴战斗

1946年9月，国民党大举进攻华中解放区。反动分子趁机煽动武装暴动。9月19日，响水区的上兴庄、下兴庄，双港区的康杜村一带800余人举行反民主政府武装暴动，杀害县干部胡芬萍、高炳成，还捆绑了响水镇镇长孙茂林。21日，县教导队、新兵连、分区特务团2营前往镇压，击毙暴徒100余人，活捉80余人，缴获步枪70余支、手枪1支。20日，双港区的昌义、昌盛、昌兴等10个村发生反民主政府的武装暴动。21日，暴徒抢劫银行，抢走华中币28万元。24日，军分区特务团前往镇压，击毙暴徒70余人，俘200余人，首犯魏玉信逃跑。29日，响水口南出现三四百人的暴徒武装。军分区某部前往围剿，击毙、活捉暴匪80余人，其余渡灌河北逃。解放军渡河乘胜追击至灌河北张腰庄、保庄一带，又击毙暴匪100余人，活捉80余人。

抗战支前

坚持抗战

抗日战争时期，响水口的青壮年积极响应“全民抗战”的号召，响水口成立了动员全民抗日委员会灌云县动委会第五分会。进步青年徐禹民、徐潜泰以区“抗动”委员会的名义，在响水口南朐宏庄举办群众联防冬训班，做到平时防匪盗、战时打游击。1938年6月，以冬训班学员为基础，成立110多人的半脱产式抗日小游击队。这是响水地区第一支民兵组织，徐禹民任队长，方立凡任指导员。他们经常在响水外围对日伪军展开袭扰，让其不得安宁，先后组织小股袭扰30余场次，大灭日伪军的嚣张气焰。1940年10月，涟灌阜边区抗日民主政权建立，为民兵的建立和发展奠定了基础。1942年4月建立潮南县。5月改称滨海县，在响水口设响水区，区里建立2个有七八十人的联防大队，在每个乡建立40多人的区中队，有组织地开展抗击侵华日军的战斗，多次和日伪军正面交锋，使日伪军平日不敢肆意下乡扫荡。

踊跃支前

1943年11月7日晚，新四军第3师副师长张爱萍率部冒雨奔袭响水口，响水区组织区联防队、乡民兵中队400余人参加战地支援，帮助部队运送弹药、抢救伤员、当好向导，充分发挥民兵人熟、地熟、情况熟的优势。1947年6月4日夜11时，华东野战军第10纵队的1个团包围了响水口，与徐继泰所率的商巡总队展开激战。响水区组织干部、民兵300余人参加战斗，为部队运送弹药、构筑工事、抢运伤员、打扫战场，得到部队首长的高度赞扬。据统计，在淮海战役期间，响水区先后组织民兵运粮队、担架队和支前队2300余人次，足迹覆盖到周边的连云港、宿迁、徐州、临沂、枣庄等地区，为淮海战役的胜利作出了积极的贡献。此外，还广泛动员组织群众参加人民解放军，壮大共产党领导下的人民军队；组织和发动有文化、有主见的区、乡年轻干部随大军南下，在积极支前的同时，为新解放的地区巩固革命政权提供了人力支撑。

组织民兵队伍

农村互助组集体劳动

运送缴获物资

军民百里运军粮

群众筹备军粮

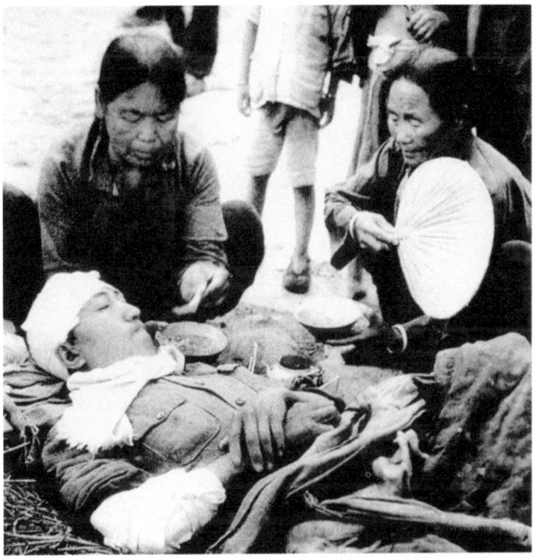

群众照顾新四军伤员

侵华日军“扫荡”时烧毁民房

农村剧团即兴演出

第3师部队帮助群众春耕生产

纪念场馆

响水县烈士陵园

响水是革命老区，为缅怀先烈教育后代，传承红色基因，1984年年初，响水县委、县政府决定建设响水县烈士陵园。响水县烈士陵园位于县城南郊，城南大道北侧与黄海路交界处。陵园占地面积1.8万平方米，1985年4月5日建成。园内建有六角凉亭1座、纪念堂5间、碑塔5座。园区正中矗立着1座16米高的革命烈士纪念碑，碑体为四方形，碑的底座为两层护栏平台。碑的正面有“革命烈士纪念碑”7个镏金大字，由国务院原副总理、国防部原部长张爱萍将军亲笔题写。碑的背面下段嵌有黑色大理石，刻有隶书碑文：“中国共产党领导全国人民同国内外敌人进行长期艰苦卓绝的斗争，在苏北革命老根据地响水这块土地上，经历了响水口、小尖、李家油坊、三套、四套、六套、安太庄、陈家港等上百次战斗，我人民子弟兵广大指导员浴血奋战，不少同志壮烈牺牲，为革命事业立下了不朽功勋。无数烈士用鲜血换来了革命的胜利，我们应当铭记，继承先烈遗志，把我国建设成一个社会主义现代化强国，为共产主义奋斗终身。适值中华人民共和国成立35周年之际，特建此碑，永旌忠烈，策励来兹。特立此碑。革命万岁！先烈永生！”在碑的背面，竖立着新四军华中野战军第九纵队骑兵团烈士墓碑及李球等烈士墓碑。

2010年11月，根据响水县城发展规划和实施“慰烈工程”需要，对原烈士陵园进行搬迁新建。新建烈士陵园位于县城迎宾大道南侧，通榆河东侧，占地面积2.7万平方米。

由烈士纪念碑、广场、烈士事迹陈列室、烈士安葬区、烈士英名墙、红色文化浮雕等部分组成。

革命烈士纪念碑　位于广场中心位置，纪念碑长、宽均为3.2米，高23.8米，碑身前后两面镶嵌着国务院原副总理、国防部原部长张爱萍亲笔题词“革命烈士纪念碑”7个镏金大字。纪念碑下面有两层平台，前后各有17层台阶，纪念碑周围有青松翠柏。

革命烈士纪念馆　馆名由朱文泉上将题写，纪念馆展陈共4个部分：第一部分为响水县历史上的知名战役，主要介绍张爱萍将军指挥的陈家港战斗和歼敌700余名的响水口战斗等；第二部分为烈士事迹展示，主要介绍李文广、李球、吕恩覃等11名烈士的生平事迹；第三部分为烈士英名录，在宽3.7米、高2.1米的背景墙上镶刻着响水县875名革命烈士的英名；第四部分为领导题词，主要有张爱萍、韩培信、陈焕友、惠浴宇等题词。

烈士英名墙　烈士英名墙长40米、高3.2米。墙体正面刻有“红色文化展示浮雕”，再现革命斗争时期响水人民的光荣斗争史。浮雕共分为六大板块：一是党组织的诞生和抗租抗税。1928年秋，响水地区第一个地下党组织——中共学滩支部建立。浮雕展示地下党员启发群众阶级觉悟，带领群众开展抗租抗税斗争的情景。二是抗日救亡运动。1937年7月，进步青年徐禹民、方立凡等组建民众抗日总动员委员会，开展抗日救亡宣传活动，创办报刊，宣传抗日主张，激发群众的爱国热情。三是“红黑点运动”。

1944年，响水地区公布《红黑点善恶记录办法》，在日伪占据的地方，开展“红黑点运动”。对伪军政人员凡做好事的记红点，做坏事的记黑点，做好事多的将功赎罪，宽大处理，做坏事多的给予严惩，记满30个黑点的坚决镇压。四是云梯关阻击战。1946年12月，驻佃湖国民党军妄图消灭地方武装，派出约一个营的兵力，分3路进犯云梯关。黄圩区军民联防大队和双套乡民兵中队严阵以待，占据有利地势，采用游击战术打击敌人，最终取得了战斗的胜利。五是响水口战斗。1948年4月，华东野战军一部奉命解放响水口。4月6日凌晨，各部队完成了对响水口的包围并发起攻击，至13时，响水口敌据点被攻克，战斗胜利结束。六是参军和支前热潮。1948年7月，全县动员400副担架、600辆小车随军行动，参加解放涟水战斗。1949年1月，滨海县委召开各区区委书记联席会议，布置征兵工作，迅速掀起参军热潮。“红色文化展示浮雕”对面是新四军华中野战军第九纵队骑兵团烈士墓碑。

骑兵团烈士墓碑　1946年10月，新四军骑兵团奉命赴灌云县蟒牛区的李二圩，解救被围地方武装和民兵人员。在滨海、灌云地区三战三捷后，骑兵团和当地人民及民主政府为纪念牺牲的骑兵烈士，在滨海县响水口北大桥东桥头竖立骑兵烈士墓碑，碑体为青石打造，高1.4米、宽0.7米、厚0.15米，60年代响水镇将烈士墓碑移至响水县响东小学的广场。2008年12月，被定为第一批县级文物保护单位。2016年，响水镇将骑兵团烈士墓碑迁入响水县烈士陵园内。正面刻有“为人民而死，虽死犹荣”9个大字；上款是“中华民国三十五年十月”，下款是“新四军华中野战军第九纵队全体指战员敬立”。碑的背面刻着“自卫战中烈士题名录”，记载着新四军华中野战军第九纵队骑兵团段养法、高兴珠、周文章、孙永枫、李德连、张同业、杨奎胜、王万富、李庆金、周文胜、薛抡才、储德高、胡友之13名革命烈士的姓名、职务、籍贯、牺牲时的年龄和战斗地点。

骑兵团烈士墓碑（2023年4月）　　王诗豪摄

红色教育

1966年起，响水镇党委采取祭扫烈士墓碑、喝“忆苦思甜粥”等形式开展红色教育。80年代起，响水镇通过修缮革命烈士纪念碑等形式，将那些尘封在岁月中的英雄事迹重新呈现在人们眼前。让后人缅怀先烈，感受先辈们的英勇无畏。2012年起，响水镇党委建设党史党性教育基地，以声、光、电等现代传媒手段，丰富红色教育形式和内容。镇里组织一支由老党员、老战士组成的红色宣讲团，常年活跃在机关、学校、乡村，用自己的亲身经历，向年轻一代讲述那段激情燃烧的岁月。

苗寨村红色文化墙（2023年5月）　　王诗豪摄

响水镇小学红色教育（2022年9月）　李守卓摄

幼儿教育

响水镇幼儿园自建园以来，一直重视红色教育。2012年起，组织开展讲红色英雄故事、红歌传唱和红色故事绘画等寓教于乐的红色教育系列活动。教师引导孩子对比观察，了解党徽是由锤头和镰刀组成，五星红旗则是由五颗星星组成。孩子们通过亲手绘制党旗的方式加深了对党的认识。“共产党向太阳”“我唱家园爱无疆”“我们是共产主义接班人”……在童心向党红歌传唱活动中，表达对党的热爱，懂得要热爱和保卫自己的国家。

小学生教育

20世纪80年代起，响水镇小学通过祭扫烈士墓等形式，引导学生传承红色基因。2012年起，少先队各中队利用清明节、烈士纪念日等时间节点，以“致敬革命英雄，追寻红色印记，传承先烈精神”为载体，开展了丰富多彩的活动，将传承烈士革命精神与激发爱国情怀有机结合，引导队员们“爱党、爱国”，让队员们的素质得到全面的提高。通过这一系列的活动，让队员们充分地了解吕恩覃、田国环、李文广等英雄人物事迹，激发少先队员争当新时代“小英雄”。

共青团员教育

20世纪80年代起，响水镇团委利用清明节、烈士纪念日、成人礼等时间节点，举行多种形式的红色教育活动。2012年起，响水镇团委更加重视红色教育，引导青年团员积极向上，进一步强化“爱党、爱国”意识。2023年4月3日，响水镇团委联合响水县城投控股集团团支部组织40余名青年志愿者开展“缅怀革命先烈 赓续红色血脉”主题系列活动。在革命烈士纪念碑前，全体人员列队整齐，悼念和缅怀为民族解放和人民革命事业英勇献身的革命先烈，默哀完毕后向长眠于此的烈士行三鞠躬礼，有序缓步在纪念碑前敬献鲜花，向革命烈士表示崇高敬意和缅怀之情。以此进一步增强历史使命感，激发爱党、爱国、爱家乡的热情。在苗寨党性教育基地，了解张正标、王得功、王卫标等7位革命先烈的英勇事迹，感受革命先辈保家卫国的热血情怀。在苗寨党员之家，观看

响水镇共青团红色教育（2023年4月）　　李守卓摄

机关干部烈士纪念日活动（2022年9月）　　响水融媒供

《长津湖》电影，激励在场青年时刻铭记历史，传承革命先辈精神。

机关干部教育

抗日战争和解放战争期间，响水镇党委重点是教育党员站稳政治立场，坚定革命信心，带头参加革命斗争，在群众中起先锋模范作用。1966年起，先后开展学习中共中央历次全会精神，以此凝聚党员干部干事创业的信心和决心。2012年起，响水镇党委引导学习习近平新时代中国特色社会主义思想及党的路线、方针、政策，同时重视加强党史学习教育，尤其是红色历史教育。每年利用清明节、烈士纪念日及每月党员统一活动日，组织机关干部到烈士陵园、党史党性教育基地开展红色教育，以激发干部职工干事创业热情。在中国共产党成立100周年之际，响水镇党委开展“学党史、明初心、铸辉煌”系列党史学习教育活动20次以上。2023年，响水镇党委通过组织机关干部观看《长征》《长津湖》《建党伟业》《建国大业》等电影，邀请专家讲《新四军与盐城》等红色党课等形式，开展系列红色教育活动，取得良好效果。

文化艺术中心（2023年5月）　　王诗豪摄

6 灌河文化

灌河文化，源远流长。响水镇虽然地处海隅，荒滩薄地，但有海河之利，曾经商业鼎盛。农耕文化、红色文化、湿地文化融合发展，民间故事口口相传，自然和人文的有利条件，造就响水镇文化繁荣。

现代著名作家孙石灵、画家史宏贵，在人民群众中享有盛誉。进入21世纪，传统文化和现代文化在响水风云激荡，造就响水文化独特魅力。

天后宫

天后宫，建于清朝（年份不详），位于响水口朝阳路（北大街）东首，宫内三殿堂有尊天后圣母神像。船民、商人，出海平安归来后，都要去天后宫烧香，磕头，感谢圣母保佑。谷雨时节，县境已临捕鱼汛期，出海前，船主按旧俗要祭祀龙王。购买猪头、公鸡各1只，鱼1条，放在船头供桌上，船头要挂红（鸡血由船头向下淌两行），并用鸡毛沾上鸡血粘在桅杆上。烧纸、烧香，磕头，放鞭炮。财神把（柴把中放进桦树皮）点燃后，绕船一周，从船头照到船舱船尾，说吉利话，后将烧得旺旺的财神把丢下水。渔民们这才将渔具搬上船，起锚出海。此俗三年两次敬，或五年一大敬，夏至捕鱼结束，还要到天后宫烧香、磕头。1930年秋，在天后宫创建灌云县响水私立中学。

南庵

清同治三年（1864），海州响水分衙杨个沛之妻黄氏（人称黄善人）用自己陪嫁财物在响水口南街建一座观音庵，大殿坐北朝南，明三暗五计八间，房顶带棱角。东侧正街邻房是尼姑宿处。西侧砖砌花墙，大殿前有三丈多高的钟鼓楼，天井正中有铸铁大香炉，炉上带鼎，高约一丈。院中竖立八块名人题碑。1924年起，改为僧人住持，和尚宗琪为住持。此庵清末有部分被毁，侵华日军占领响水时被炸成一片废墟。

北庵

清咸丰十一年（1861），镇江金山寺和尚路过响水口，巧遇云台山晋田僧云游，见响水口水陆交通方便，即化缘建潮王庙于虹桥巷北头（原响水镇政府所在地）。此庙坐南朝北，面向潮河。前大殿五间，中大殿明三暗五计八间，东西两边为厢房。东厢房住和尚，西厢房供泥身佛像。过天井有24级台阶入中大殿，中大殿前立两米多高的锡葫芦。房顶四周带棱角，雄伟壮观。清光绪十三年（1887），老住持病故，此庙被卖给当地善人李福之妻，更名北庵，成为李氏家庵。经修复后更为壮观。因庙改庵关系到佛规，又在庵门东侧建一间土地庙，以示破解。1953年拆除。

玩麒麟

20世纪五六十年代起，每逢春节，乡村中老年人组成班子（多以五人一班，班子中有敲锣、打鼓、打镲的）四处“拜年”。他们用彩纸或彩布制成麒麟，在正月初一到正月十五，扛着走村串巷，敲着锣鼓，唱着“麒麟调”，借人家图吉利的心理讨钱。唱词有短有长，长的竟有106段424句。一段四句顺口溜由一人领唱开头两句，然后四人共同重复头两句。接下去唱后两句。词曰：“锣鼓打得闷沉沉，麒麟本在南天门；玉皇大帝刷圣旨，令它送子到你门。锣鼓打得闹喳喳，富贵荣华头一家；老老少少人多少，全家团圆笑哈哈。”这些唱词多是触景生情、随意创作的。一般在一户人家门口只唱一两段，遇到不大方的人家一时没拿出钱物的，则继续唱下去，直到给钱为止。

荡龙船

龙船又叫花船。顾名思义，它形状既像

荡龙船（2023年2月）　　响水融媒供

放风筝（2022年4月）　　李守卓摄

花轿又像船，以两人表演为主，女性坐船（俗称船襄子），身着彩妆，手持彩帕；男性撑船（俗称小丑），表演节目时身着黄衫，腰系彩带，头戴凉帽（或扎毛巾），手持竹竿和秃头芭蕉扇。在激越的锣鼓声中，表演起锚、扯篷、支船、跑船等动作。锣鼓则根据动作需要打出“急急风”“狮子头”“快长锤”“慢长锤”和“走马”等锣鼓点，营造氛围。随着坐船者（旦角）轻盈舞步，船儿似云燕穿行，舒展灵活；撑船者（丑角）动作腾挪闪跃、舞篙抖须，矫健大方，表演各种绝活，如倒立、飞脚、虎跳、蝎子爬、鬼推磨等动作，男女搭档，配合默契。或嬉戏，或挑逗，或说，或唱，以诙谐、幽默取悦观众。表演节目有《王妈说媒》《三十六码头》《二姑娘出嫁》《十六郎》等。

放风筝

风筝通常是用芦柴或竹篾扎成，糊上绵纸，做成各种动物、人物式样。响水风筝历史悠久，可追溯到明代。响水每年清明前后为放风筝最佳时间，在风筝放飞现场，天空中大大小小的风筝五颜六色各展风采，几十米长的“蜈蚣”如巨龙摆尾，“仙鹤童子”神气活现，“老鹰”“小燕”“蝴蝶”展翅高飞，“八角”“套角”“七十二角”钻入云端，“宫灯”“金鱼”“飞机”……各展其能，让人眼花缭乱、美不胜收。

腰鼓

腰鼓是中国汉族古老的民族打击乐器。民间生活舞蹈，舞者皆系腰形的小鼓于腰旁，两手各持一根约半尺长的木棒，棒尾系上红绸带，两手臂凌空飞舞，交替击鼓，两脚按鼓点节奏迈步前进。传统的腰鼓有文武之分，文腰鼓动作较小，没有较大的跳跃，具有秧歌扭跳的风格，武腰鼓有较大的腾跳、旋转、踢打等动作，表现出激烈雄壮。最初以一人打为主，以后发展成两人对打、四人对打、八人对打和集体对打多种形式。有鼓点30多种，加上一些腾空、缠腰、摆头、舞臂，以及跳、转、走、翻一类动作。打法形式有三步一停、四步一望、单过街、双过街、正八字、倒八字等。

踩高跷

踩高跷，俗称缚柴脚，又称高跷、踏高跷、走高腿等。踩高跷多在民间节日里举行。其表演又有文跷、武跷之分，文跷重扮相与扭逗，武跷则强调个人技巧与绝招。踩高跷不但扮演的人身着戏装，浓妆艳抹，且歌且舞，而且往往装扮戏曲折子，踩高跷的角色，因各自身份不同，所以造型各异、高低不一，参加表演的人数不等，有多有少。表演的形式主要以大秧歌步伐为主，边扭边唱，穿插变化。还有一些"咯咯郎""连打拐""鹞子翻身"等高难度动作。

踩高跷表演（2023年2月）　　李守卓摄

南派淮海戏

“南派淮海戏”是响水淮海剧团在根植传统淮海戏的基础上，对道白、唱腔、剧目等方面全面创新，形成别具一格的体系，被专家和戏迷公认为不同于传统淮海戏的一大流派。南派淮海戏吸收民间小调、宫曲以及京剧、昆曲、淮剧、扬剧的唱腔精华，创作、设计唱腔，在不失淮海戏传统韵味的同时，注重刻画人物形象，注重细腻抒情，有很强的艺术感染力。1985年，淮海戏《花大姑说媒》获首届全国农村小戏竞赛创作一等奖。之后相继创作演出《花烛奇谭》《南归记》等9部大戏。多次在省、市调演中获奖。2018年5月，中国田汉研究会及其戏剧委员会授予响水县中国小戏艺术之乡称号。

南派淮海戏演出现场（2023年11月）　龚成功供

淮海锣鼓

淮海锣鼓，又称为大鼓书或工鼓锣，是曲艺的一种表现形式。由于它主要流传于淮海地区，故被称为淮海锣鼓。

淮海锣鼓演出方便，无论是演出行头、道具，还是演出场所，都十分简便。它道白简洁，唱词合辙押韵，三字句、五字笃、七字唱、十字韵，让听众句句明白，人物、场地、时间、事件的交代及演变过程脉络清晰，有根可循，特别是有些艺人，常将平常、偶发、奇事、新闻等，编成书帽（唱大本书之前加上去的一小段唱词），更是引人捧腹。

淮海锣鼓（2023年11月）　　龚成功供

砚台井

砚台井原名陆大塘，位于灌河南岸，何时更名无从查考。陆大塘是900平方米鹅蛋形的清水塘，其四周花木扶疏，香气四溢。相传有一年，家住黄海的乌家少爷与蟹家公子为争夺鲈家三公主大打出手，从黄海打到灌河，从白天打到黑夜。乌少爷单刀赴会，敌不过众多蟹将，就带着小仆马二四处逃窜。临近黄昏，乌少爷等视线模糊，慌不择路，一头栽进了灌河南岸离灌河300米的陆大塘。进了大塘才知塘浅水少，不是藏身之所，几番努力想寻找出口，可刚到洞口就被蟹将死死堵住，几次突围未果，且遍体鳞伤，乌少爷急得须眉倒竖，气得腹胀似鼓。主仆两人在塘里翻来滚去，怒发冲冠，向守门把洞的蟹将喷吐黑水，撕心裂肺地在塘里兴风作浪。折腾几天，花招用尽，力气使完，加之水土不服，饥饿难忍，主仆两人命丧水塘。水塘变得臭气冲天，黑咕隆咚。不知哪位高人搜肠刮肚，别出心裁将黑水塘起了个啼笑皆非的雅名“砚台井”，用意显而易见。

铁旗杆

抗日战争爆发不久，侵华日军占领响水口后，急需解决军马安身之处，到处扒房拆屋，抢粮夺檩。某日，3个手持利斧的日军官兵路过北庵，看见一旗杆竖在庙前。旗杆高约4丈，粗如升斗，笔直滚圆，上下一样粗，明眼人一看就是上好料。日军“叽里呱啦”一阵后，其中一个冲前就砍。谁知一斧下去，满眼金星；连砍几斧，杆上无斧痕，火花一次比一次大。另一个不服气，夺过斧头，咚咚咚几斧过后，旗杆皮毛未伤，还震裂了虎口。小队长觉得奇怪，用手指甲在旗杆上划划，又绕着旗杆转转，确认是旗杆后，不信邪地捋袖抡斧，狠狠向旗杆砍去，3人轮番造作，旗杆岿然不动。日军小队长气得腮帮子直鼓，命人找来汽油，火烧旗杆。火点燃，火势熊熊，烟雾滚滚，旗杆似钢浇铁铸，仍“任你风吹雨打我自岿然不动”。围观者人山人海，见此情景，无不拍手称快。从此，庵门前旗杆下香火大盛。老人们都说，旗杆年代久远，上接天灵，下接地气，中享烟火，早成神了，不要以为它是木身，但它比铁坚钢硬。那时，铁旗杆就已美名远扬。

大鱼拜龙王

响水口黎民百姓因感恩龙王治水妖、除水患，福泽四方，便在灌河口拜天拜地拜龙王。为确保年年风调雨顺保平安，老百姓自发筹资，在响水口以西十二里处建一座龙王庙。每当风雨失调，久旱不雨，或久雨成涝时，周围百姓自发来到龙王庙烧香祈愿，求风调雨顺，五谷丰登，人物康阜，往往很灵验。

有年春旱，一位老者见一大鱼搁浅在干涸河滩，已奄奄一息，叹道：“枯鱼过河泣，何时悔复及。作书与鲂鱮，相教慎出入。”然后，赶忙焚香磕头，拜求龙王，快快来水，拯救生灵。不久，一泓清水果然自东向西滚滚而来，鱼儿潜入水中逃生。

1970年5月、1978年6月及2002年4月，灌河里相继发现成群结队的大鱼，场面十分壮观。只见河口云蒸霞蔚，紫气东绕，一群大鱼追逐着翻滚的波涛，一路戏水而上，直奔上游。鱼群前后长达数里，浩浩荡荡，蔚为壮观，游到响水口西的龙王庙不再向前。群鱼忽隐忽现。若沉若浮，探头摆尾，欢跃嬉闹，有一条长数十米的大鱼跃出水面数丈高。退潮时，群鱼又随潮水回归大海。灌河人家说，就是那条被救的大鱼为回报龙恩，率领它的子孙来朝拜龙王的。在附近作业的渔民进港停泊，为“鱼老爷”们让道。有的老渔民还在船头虔诚地烧香跪拜，祈求“鱼老爷”给他们带来好的年景。河岸上常会出现猪头等祭祀供品，氤氲的香烟缭绕河面，经久不散。老者都说：在岸上观看的人不能大声说话，更不能说出对“鱼老爷”大不敬之话，否则会激怒神鱼，遭到灾难。每逢农历闰月之年的夏秋，时常有大鱼成群结队光临灌河。

大鱼拜龙王

德路桥

响水老街城隍庙后面是砚台井。井、庙之间是两条一长一短的深沟，东西向的短，南北向的长；短的深不见底，长的望不到头。两沟组成一个大大的“T”字。在短沟南边住着婆媳两人，一位是中年丧夫的瞎眼老婆婆，另一位是过门不久丈夫被瘟疫夺去生命的年轻小媳妇，真乃是“黄连拌苦瓜，苦命人守苦命人”。婆媳俩白天以泪洗面，夜晚泣声伴眠。

婆媳俩相处融洽，不离不弃，相依为命。媳妇为养活婆婆，白天沿街乞讨，晚上拿针弄线。婆婆于心不忍，提出由她去讨饭，被孝敬的媳妇婉言回绝。几次提出让儿媳另找婆家，不要陪着她这个瞎眼老太婆吃辛受苦，耽搁青春，也遭到媳妇的谢绝。

某日，婆婆在家实在难熬，左思右想，趁媳妇外出讨饭之际，拄着棍子，提着篮子向屋后摸索，由于瞎眼多年，一直大门不出二门不迈，宅在家里，还以为屋后是沙土泥路，就毫无顾忌往前走，谁知“扑通”一声，掉进沟底，从此告别了她苦难的人生。

媳妇在乡邻的帮助下安葬了婆婆，面对家徒四壁、一贫如洗的一间破草房，孤苦伶仃的媳妇号啕大哭：“妈妈啊！你把命断无由我多心酸，妈妈呀！亲娘哎！你是当我屋檐上芝麻搁高我，你是当我蒸笼顶上馒头烘高我，你是三百尺鹞线放高我，你咋这么狠心呢丢下我……”她哭啊，喊啊，楚楚可怜，人心皆碎。

媳妇嗓子哭哑了，头发哭白了，眼睛哭花了，精神错乱了；脸不洗，饭不讨，活不干。天天四处刨砖头，日日八方捡石头，找到砖头往沟里扔，看到石头朝沟里摞。日复一日，年复一年，她睁大眼睛，闭着嘴，刨啊，扔啊，捡啊，摞啊，一门心思想把沟填平。

不知过了几度风雨，几度春秋，好奇的孩子们终于在沟底发现了那小媳妇的瘦弱身躯。好心的乡里凑钱出份，将她埋葬。

在埋葬她的当天夜里，几声惊天响雷把人们从梦中惊醒。待天明，全街人都不约而同地来到沟旁。人们惊呆了，两条沟一夜之间出现两条长短石头桥，长的状如飞虹，短的笔直平坦，两桥相距不到五尺，可谓“三步跨两桥”。后来有人说，老天爷被小媳妇填沟精神所感动，命令桥神连夜架桥；也有人说，这两座桥是婆媳俩为了后人以身作面，以四肢做架子铺就的。众说纷纭，莫衷一是。总之，有一点是人所公认的，那就是这两座桥和婆媳俩有着密不可分的关系。

有桥就得有名。人们想用媳妇的姓氏来命名，可惜的是，没有一个人知道她姓什么，叫什么。最后人们商量结果，采取本地孙姓举人的建议，长桥以形状命名“虹桥”，短桥以用途命名“德路桥”。如今，“虹桥”已荡然无存，因桥起的巷名“虹桥巷”历尽沧桑，直至2020年打造灌河风光带，老城拆迁，“虹桥巷”消逝。而德路桥有踪可循，尚存碑石见证。

王彦章铁船开灌河

很久以前，苏北沿海一带没有河流，只是一片洪荒沼泽。芦苇丛生，红蒿遍地，荒无人烟，虫蛇肆虐。穷人家在高埠处搭芦棚、砌泥灶，饱经风霜，垦荒晒盐。每到雨季，积水成灾，颗粒无收。五代时，后梁名将

灌河运输忙（2012年6月） 王志迁供

王彦章南下东进，屯田海边。他效仿大禹疏导九河之法开凿海滨河道，疏浚入海工程，为民添福。

王彦章（863—923），郓州寿张（今山东梁山西北）人。身高丈余，人高马大，掌阔似扇，胆大如斗。《新五代史》载："能跣足履棘行百步。持一铁枪，骑而驰突，奋疾如飞，而他人莫能举也。军中号王铁枪。"他化作神仙，从玉皇大帝兵器库里盗来十八般兵器，放在神炉中冶炼了七七四十九天，铸成一艘崭新的铁船。舵锚樯篙等皆为铁铸，撑船用的铁篙，长丈许，重千斤。王彦章擎铁篙、撑铁船，陆地行舟。铁篙点地，铁船如飞，泥沙翻滚，势如破冰。所过之处顿现深壑，浸渍积水聚流成河，流向大海。因有潮汐涨落，故名大潮河。旱能浇灌，雨能排涝，给两岸人民带来无尽的福泽。

王彦章开出大潮河后，百里滩涂变平川，日晒雨露成良田，富庶之地令移民蜂拥而至，人们在大潮河两岸垦荒耕耘，建成鱼米之乡。南宋建炎二年（1128），黄河夺泗夺淮经大潮河入海，加速了海岸线东移的进程，潮河的河身随之加长，逐渐形成贯通苏北的大河，明末改称灌河。

掼画片

20世纪六七十年代，火柴盒画片是孩子们非常喜欢的玩具。火柴旧时称“洋火”，一盒火柴用完，空盒子面上有花纹图片，图片越是漂亮，孩子们越喜欢撕下珍藏。在游戏时根据每人出张数的多少，确定由谁先拍，拍之前将画片放在平坦的地方，挨个拍，谁能把画片拍翻过去，就算谁赢，火柴画片就归谁所有。

打弹弓

弹弓架多用比较粗的铁条弯曲制成，也有找根“丫”字形的树杈，把皮剥去做弹弓架的，之后找来些皮筋，或者剪一截废旧自行车内胎，固定在弹弓架两端。弹兜成椭圆形，通常是用皮革做成，有黑色和红色两种。弹弓以石子、瓦砾作子弹，利用橡胶的弹力发射打向目标。比赛以击中某一指定的目标多少次数定输赢，也有以打得远近定输赢的。儿童多用弹弓打鸟，打杏、桃等。

打弹弓　　图片来源于网络

斗鸡（2001年6月）　　李守卓摄

抽陀螺（2002年11月）　　李守卓摄

斗鸡

斗鸡是农村孩子们课间首选的玩乐。斗鸡也叫捣拐，是最能体现男儿气概的“战斗”了。斗鸡采用金鸡独立式，一只脚盘起来，用手抓住脚脖子，膝盖就是打倒对手的利器。可以两人“决斗”，也可以分帮对垒，以双脚接触地面为输。

抽陀螺

也叫“砣螺”，常见的是梨形圆锥体，底下是尖的，可以用手指转动，也可以用细绳或鞭子抽动使其旋转。陀螺是古老的玩具之一。争强好胜的男孩子三五一堆比赛，看谁的陀螺抽得最远，旋转的时间最长。最激烈的是两个陀螺相撞，最得意的是一个人可以同时玩几个陀螺，满头汗水疯狂地奔走在陀螺之间，不停地抽动陀螺。有的还在陀螺的尖子上镶嵌“钢珠”，用一木杆拴上布条作鞭子，裹在陀螺上数圈，在光滑的地上或冰上旋转，然后用鞭抽打，保持陀螺旋转不倒。以旋转时间长短讲优劣。

跳橡皮筋

跳橡皮筋是女孩童年时代最热衷的游戏，她们一边唱歌一边跳，跳一级升一级，跳犯规了就换人。有单人跳、集体跳两种。以解勾、挑、绕、转身等技巧组合成一套动作，配合歌谣，跳出各种花式图案。一般通过猜拳，选择队友。两人做桩牵着橡皮筋，先从脚踝位置跳起，再升至膝盖处、腰部、胸部、脖子，最后两手高高举起。在中间跳的女孩跳的难度越来越大，而且并不像跳高那么简单，跳过了事，还必须在同一高度跳出几种花样，可取得“升级”的资格，否则就算输，只得去做桩。通常分一关、二关直至天关，边跳边唱歌谣。如“青山青水青少年，分别不知是啥年”“小皮球

跳皮筋（2018年11月）　　李守卓摄

踢毽子（2017年9月）　　李守卓摄

架脚踢，马莲开花二十一”“大白鸡上草垛，没有妈妈真难过”……也有唱着：“小皮球，香蕉梨，马兰开花二十一，二五六、二五七、二八二九三十一，三五六、三五七、三八三九四十一……”

踢毽子

踢毽子的基本动作有盘、拐、磕、蹦、蹬、弹、跃等，套路有里外帘、耸膝、拖枪、肚腆、剪刀抛、佛顶珠等，孩子们还常常一边踢一边唱歌谣。毽子的做法：用一块棉布、一枚乾隆或是康熙年间的方孔钱、几根公鸡的羽毛做成，如今已极难见到了。现时的毽子基本上是买现成的，很少自己做。

打水漂

20世纪六七十年代，孩子们每次放学后，路过河边，几个总要比一比，看谁的水漂打得最远、最漂亮。这游戏虽然看起来简单，但是真正要玩得好，也不是那么容易，得讲究力度和角度，还得讲究出手时的速度。力道用足了，出去时瓦片如一支满弓扣发的箭，擦着水面快速滑翔，最多的时候它能连续击出十几个水漂，最后才踉跄一下，沉入河底，激起几丝微澜。进入21世纪，打水漂已很少见。

老鹰捉小鸡

也叫“接龙”，需要的是步调一致的团结和协作。游戏在开始前先分角色，即一人当老鹰，一人当母鸡，其余的伙伴当小鸡，小鸡依次在母鸡后牵衣襟排成一队，老鹰站在母鸡对面，做捉小鸡姿势。游戏开始时，老鹰叫着做赶鸡动作。母鸡身后的小鸡做惊恐状，母鸡极力保护身后的小鸡，众小鸡则在母鸡身后左躲右闪，老鹰抓到小鸡为胜利。

砸沙包（2020年5月）　　李守卓摄

砸沙包

“沙包”是用布装上沙子、米或豆缝制而成。人数一般3人以上，砸者站在两端，相距10米左右，被砸者在中间。玩法：开始时，两边快速交替砸，中间的既接又躲，接住沙袋得5分，砸在身上没接住扣5分，零分者下台轮换，最后得分多者为赢。砸沙包要瞄准膝盖以下，拣反应慢的砸，可以利用假动作迷惑对方，声东击西。另外，捡沙包速度要快，砸沙包要又快又准，可锻炼孩子的反应能力。

玩沙蛋

女孩子经常玩的一种游戏，首先要准备一个一手能握的沙蛋，还有几个麻将大小的木块，一面用墨汁涂黑，如果是用真的麻将，正反面很清楚，就更好了。游戏规则是玩者把木块撒在桌面上，手中的沙蛋往空中抛，就在这很短的时间，把木块不是正面的翻正，如果手没接住落下来的沙蛋，沙蛋落桌上算输，如果接住沙蛋，木块没翻正要继续翻，直到全翻正算赢。

砸钱

又叫蹦钱，人数不限，以铜板为玩具。一种玩法叫“掼钱蹦”，各以铜板从下向上撞击墙面使钱蹦向远处。最远的首先拾钱挨个砸别人的钱，砸到则赢此钱，砸不到由下家接着往下砸。另一种玩法是滚钱，各将铜钱顺墙或高坡向低处滚动。分远近，滚得远的砸近的，砸法同上。

诗歌（灌河八景）

◎曹西园

开山云岫

云岫苍茫耸髻鬟，灌河东去是开山。
浮沉欲共潮消长，水陆都通客往还。
谷口时收船几只，岩头暂构屋三间。
黄流赖尔途迁徙，海上群生利害关。

灌河春潮

开山山外起涛头，百丈纷飞涌急流。
作势每凭风雨藉，横空一色水云浮。
西来远与盐河接，东去还归黄海收。
记得频年遭漫溢，人家点点浪中投。

开山日出（2011年5月）　王志迁供

渔舟夜月

各从河海觅生涯，一叶渔舟载月华。
洋面波涛人守夜，渡头灯火水为家。
临风破睡三更梦，对酒狂歌七品茶。
有客钓归船不系，和蓑衣卧旁芦花。

樵径晚风

秋声飒飒晚风骄，樵采归来径几条。
苔碧粘鞋双足滑，薪黄压担一肩挑。
芦洲日暮花飞雪，沙港云寒浪起潮。
何似箬郎演水畔，朝南夕北助刍茅。

沙滩积雪

一片新晴放海隅，沙滩积雪尚如初。
天寒日薄消无力，海曲风回聚有余。
浦口石堆春月泻，渡头舟出早潮游。
怜他没胫频来往，半是樵夫半是渔。

芦絮新霜

秋色深时夜气凉，新从芦絮点新霜。
一方杯水涵虚白，千顷横竿抹嫩黄。
泽国月明宜雁渡，海天风劲逼鹰扬。
蒹葭利薄官私共，弱植均沾雨露香。

秋田野鹤

神当缥缈望蓬莱，每定期程一去来。
芦岸飞时冲雪艳，海云开处御风回。
雪依株树应相恋，鹤立鸡群亦自猜。
罗网秋田常密布，寄声尊重不凡才。

海岸轻帆

执楫如飞不问风，往来齐插乱流中。
收河饱溅归潮白，出海新兜晓日红。
网放滩头悬叶叶，柴装青口挂匆匆。
送迎应是欣无恙，几阵锣鸣客倚蓬。

民歌

赶快救国把兵当

灌河流水哗哗响，
孙良诚部队不久长。
华北调到苏北来，
又从苏北到南阳。
哎呀哎吱喂，
又从苏北到南阳。

灌河水，波浪翻，

灌河两岸好风光（2018年6月）　王志江供

“二皇”鬼子不能干。
“大皇”大吃鱼和肉。
“二皇”都吃山芋干。
哎呀哎吱喂。
“二皇”都吃山芋干。

灌河两岸好风光，
团结起来打东洋。
坚决不做汉奸事，
赶快救国把兵当
哎呀呀吱喂，
赶快救国把兵当。

买书歌

抽烟饮酒两俱空，
买书买画属真功。
自己看完儿孙看，
代代相传起作用。
此书馈友为上礼，
常置案头情持重。
事业身心皆有益，
坐拥书城把关攻。
不言之秘多少蕴，
涣然水释乐无穷。
好事坏事书中载，
法善戒恶牢记胸。
多读好书做好事，
前程似锦节节通。

打夯歌

领：咱们八个人哟。
合：咳哟！
领：抬起大石夯哟，
合：咳哟！
领：一夯挨一夯哟，
合：咳哟！
领：夯夯往前打哟，
合：咳哟！
领：大家一条心哟，
合：咳哟！
领：个个都出劲哟，
合：咳哟！
领：夯绳要拉紧哟，
合：咳哟！
领：才能抬得高哟，
合：咳哟！
领：眼睛要盯准哟，
合：咳哟！
领：小心砸了脚哟，
合：咳哟！
领：石夯抬得高哟，
合：咳哟！
领：打下去才有劲哟，
合：咳哟！
领：大家都鼓劲哟，
合：咳哟！
领：说戏提精神哟，
合：咳哟！
领：一枝花二度梅哟，
合：咳哟！
领：三娘把子教哟，
合：咳哟！

领：四郎去探母哟，

合：咳哟！

领：五台会兄长哟，

合：咳哟！

领：六郎把子斩哟，

合：咳哟！

领：七星当头照哟，

合：咳哟！

领：八仙齐过海哟，

合：咳哟！

领：九天仙女下了凡哟，

合：咳哟！

领：十道本章上哟，

合：咳哟！

领：说大家干得好哟，

合：咳哟！

领：再加一层土哟，

合：咳哟！

领：越打越有劲哟，

合：咳哟！

领：大家都有功哟，

合：咳哟！

民谣

拐磨拐　常由妈妈或奶奶与牙牙学语的幼童对面坐在床上或矮凳上，手拉手模仿拐磨时一进一退，口中同时吟诵，极有节奏感。

"拐磨拐，请舅奶，舅奶没在家（gā），请小丫，小丫在家烧水秃脚丫，一秃秃个仰八叉，叉叉叉。"说到最后，大人要装作撒手状，孩童往往又害怕，又高兴，乐此不疲。

《拐磨拐》（加长版）："拐磨拐，请舅奶，舅奶没在家，请小丫，小丫在家烧水秃脚丫。脚丫臭，上绿豆，绿豆僵，上生姜，生姜辣，上宝塔，宝塔高，上镰刀，镰刀快，割韭菜，韭菜老，割茅草，茅草低，割你个大老爹。"

踢脚扳　是与一岁左右的婴孩游戏，一边数着婴孩小脚趾，一边念念有词："踢脚踢脚板，踢到南山，南山有贝，见见宝贝，宝贝南，宝贝北，宝贝家后种荞麦，荞麦开花一片白。"

点逗歌　是妈妈与二三岁孩童一起游戏，妈妈用食指循环指点自己和孩子，一字一点。"点点逗逗，黄皮包肉，对砖对瓦，打倒老侉，老侉抱鸡，打倒公鸡，公鸡会戡（kàn）人，打倒老红人，老红人打花鼓，打倒张小五，张小五扎小辫，嗵喇叭。"

城门几丈高　是孩童们最爱玩的游戏，此游戏常由十几人组成。两个大点的小朋友十指相扣举起扮作城门，其他人手拉手绕着扮城门一人边转圈边吟诵。"城门城门几丈高，三十六丈高，骑大马，大马高，走进城门超一超"。

开锁歌　游戏常在两人之间进行，一方十指紧扣，另一方竭尽全力扳开对方手指，围观者高声齐诵，诵者分为两队，一问一答，语句简短，韵律铿锵有力，现场气氛热烈。"开锁了，什么锁？金打银钢锁。什么砸？榔头砸。砸也砸不开，配起骡马上大街。大街有你什么人？有我亲哥老丈人。姓什么？姓穿，不走前门走后门”。

小孩抱公鸡　是一种流行于孩童中的一首童谣。手写的纸牌游戏，分别是洋枪、老虎、小孩、公鸡、蜜蜂、小秃。纸牌上一物降一物，循环往复，颇有些哲学的意味。“洋枪打老虎，老虎吃小孩，小孩抱公鸡，公鸡笃（啄）蜜蜂，蜜蜂叮小秃，小秃扛洋枪，洋枪打老虎。”

歌谣

二八佳人在高楼

二八佳人在高楼，仰面朝天没自由。
忽然叹上一口气，父亲做事神不留。
待我把个丑八怪，十三拳头高的黑汉头。
小辫没得“鱼过”相，虮子虱子起成楼。
烂红眼，绿如豆，牙又稀，唇又厚。
嘴一张，意怪臭，鼻下烂上两条沟。
公鸡腿，尼姑走，大肚子，象笆斗。
弯弯膀子瘪爪子手，蹲下好像朝天犽。
前胸瘤，后心肉，人人见他都发够。
嘴一张，口水漏，活脱脱像个癞蚂猴。
三分不像人模样，一心一意学漂流。
打麻将，推牌九，看纸牌，不离手。
十指不分一和六，三天三夜嫌宿短，
名字叫作夜不收，一年四季常在外，
家里事情不应酬，一到家里只是吼。
一睡睡到五更头，小奴伸手撩撩他，
霍托霍托几拳头，小奴提起那桩事，
直接和奴没谈头，睡死觉直是吼，
一觉睡到五更头，一泡尿鼓出头。
大伯子淌到东洋海，小叔子淌进白鹭洲
公公淌到潮河北，婆婆淌到花园头。
大伯小叔淌干尽，只让丈夫和小奴，
庄邻说了不相信，请到九庀山上看水头。

船工号子

嘤　嘤荷　嘤　嘤荷　嘤

荷　荷荷荷荷荷　嘿着　嘿着　嘿着　嘿着　嘿着　嘿着

嘿着　嘿着　嘿着　嘿着　哎嘿呀么　也嘿嘤　哎嘿嘤么　依呀　嗨　也嘿嘤　嘿也嘿　嘤

哎嗨　嘤　么　哇依　哎　哎嘿　哇依也　哎嘿　嘿嘤　嘿　哎嘿　嘤嘿　哇依嘤

哎嘿　嘤嘿　嘿嘤嘿　嘿着　嘿着

嘿着　嘿着　嘿着　嘿着　嘿着　嘿着　喔嘿　哎嘿　呀依　嘤　嘿　嘿着　哇依嘤　哎嘿里

沙里嗨　喔嘿哎　嘿哎嗨嘤嘤依　嘤嘿哇依嘤　喔　嘿　哇依嘤　哎　嘿　嘤　嘿　嘤　嘿

嘤依嘤嘿　也嗨嘤　哎嘿嘤哇依嘤　哎嘿嘤嘿嘤嘿

加把　劲拉　嘿着　嘿着　兄弟　们啦　嘿着　嘿着

加把　劲拉　嘿着　嘿着　兄弟　们啦　嘿着　嘿着　嘿着　嘿着　嘿着　嘿着

嘤　嘤荷　嘤　嘤荷　嘤　荷荷荷

上兴村西蓝花生产基地（2023年5月） 王诗豪摄

7 知味响水

响水四季分明，地势平坦，境内河流交织如网，塘渠星罗棋布，海鲜、河鲜十分丰盛，家禽、蔬菜、水果为响水人饮食生活提供丰富原料。

响水美食是淮扬菜系中的一支流派。响水烹饪尽显淮扬风范：因材施艺，四季有别，擅长炖、焖、蒸、烧、炒、烩、煎、贴、醉、扒烧，注重调汤，保持原味，口感清鲜，浓而不腻，淡而不薄，酥烂脱骨不失其形，滑嫩爽脆不改其味，烹制海鲜更独具地方特色。

响水美食既具淮扬菜的特色，更具“半汤、半菜，以汤为主”的响水风味。

四鳃鲈鱼

清蒸四鳃鲈鱼

四鳃鲈鱼是响水名菜的代名词。凡是外地来响水的人，都以一睹灌河风光和一尝四鳃鲈鱼为快事，否则就被认为没有真正到过响水。清蒸四鳃鲈鱼是有讲究的。原料：四鳃鲈鱼、生姜、葱、料酒、盐、糖等。制作方法：鲈鱼去鳞片、去内脏、去鱼鳃，清洗干净，将鲈鱼两面划上花刀；在鱼身两面抹上少量酒去腥，放入大盘中，在鱼身的花刀口放上姜片，再铺上葱段和姜丝；锅里水烧开后，把装有鲈鱼的盘子放进锅中，大火蒸15分钟，关火后虚蒸2分钟，出锅。细细观赏和品尝这道美食，肉似蒜瓣，鲜嫩爽滑，色香味俱佳，正如一副对联所描述的那样："百里灌河风光万千人间无比，四鳃鲈鱼口味独特水族为尊。"

三汤甲鱼

响水民间有"鲤鱼吃肉，王八喝汤"的说法，意思是吃鲤鱼目的在食其肉，而吃甲鱼（俗名"王八"）目的则在于喝汤。因为甲鱼营养全面，最适宜于做汤喝，这样更能起到大补的作用，所以响水甲鱼的一般吃法是做汤。三汤甲鱼的制作方法：将甲鱼宰杀，去内脏，去除黄油，用沸水烫一下，去除外衣，清洗干净，剁成大块备用。用新鲜猪龙骨、老

清蒸四鳃鲈鱼

三汤甲鱼

鸡、老鸭、猪蹄膀等原料制成浓汤，炖甲鱼到酥烂，加入适量盐和菜心煮沸即可。此道名菜特点：汤汁白中透黄，味道鲜美无比。

生炝条虾

响水白条虾既不同于海产对虾，亦不同于海产线虾，个体比对虾小，色泽比线虾白，它的口味更不同于罗氏沼虾。其特点是通体明亮，壳薄如翼，体态肥美，鲜嫩无比。响水名厨大师生炝条虾的制作方法，名曰："虾爷出海闯三关，金陵去泡十二钗。""三关"：选料关——大的、活的；洗净关——泡、冲几遍；修剪关——剪去头尾。"十二钗"就是炮制白条虾的佐料，即白酱油、辣油、小磨麻油、老陈醋、绵白糖、香菜、姜末、蒜泥、胡椒粉、味精、五香粉等。"金陵"即金盆，就是透明的盛放虾子的玻璃器皿（外观可见虾跳）。生炝出来的白条虾，具有鲜、嫩、爽、滑、脆、亮等特点。

生炝条虾

杂鱼锅贴

杂鱼锅贴

杂鱼锅贴是响水人的家常菜。据《响水县志》记载，以打鱼为生的响水渔民，由于食物紧缺，加之烧饭麻烦，为了方便，便来了个"一锅焖"，即将捕捞上来的小鱼小虾混在一起煮，并在锅的四周贴上饼（又叫"死锅塌子"），这样鱼的鲜味和饼的脆香融合在一起，确实食香味美，而深受人们喜爱。杂鱼锅贴烹调并不复杂：小杂鱼洗净沥干水分，在七成热的油锅炸至表面起壳备用；面粉加水调和做成面团，稍微和稀些，不要太硬；锅预热，加一勺水贴面饼，不要接近锅底；水烧干，锅中加一汤匙油，将生抽、红辣椒、生姜，煸出香味，将煎好的小鱼倒入锅中，加两勺水，盖上锅盖焖煮，直至饼熟。

盐水虾婆婆

红烧拔头鱼

梭子蟹炒

盐水虾婆婆

常有人说，“春季到了响水，不吃虾婆婆，就等于没到过响水”。虾婆婆瘦肉多，又筋道，可油炸、清蒸，但响水人喜欢用盐水煮，品尝原汁原味。制作方法：将挑出的虾婆婆放入含有3%食盐的沸水中水煮，煮时火力要猛，既要煮熟，又不能慢火长煮，否则肉质变老，这样能更好地保存虾婆婆的鲜美。然后根据个人喜好选取底料，一般用酱油、醋、生姜、水辣椒、大蒜拌和即可。食用时，两手将虾婆婆的头、尾捏住，一上一下摇动挤压，虾肉便会脱壳，然后两手按住两边剥去硬壳，取肉蘸调料即吃。或用剪子去掉头尾，用筷子捅出肉食用。

红烧拔头鱼

拔头鱼，头大尾小，腹部、脖子呈淡黄色。拔掉鱼头一是方便清理，二是便于上锅烹制，更是为了好吃，有句顺口溜：“小拔头，拔头小，样子差，口味好，吃一回，就上瘾。”拔头鱼，听起来奇，看上去怪，吃起来香，是响水各大酒店的招牌菜。红烧拔头鱼的制作方法：拔去鱼头，刮掉鱼鳞，清除内脏，撒盐腌制5—10分钟；将锅烧热，倒入花生油，烧至七成热时，放入鱼和调制的汁；蒜薹切段入锅，加汤将鱼浸透；放入调料，淋入水辣椒，盖锅烧至水快干的时候，再加一次生抽提鲜。特点：鱼肉、蒜薹二味调和，咀嚼生津，回甘绵长，齿颊生香。

清蒸螃蟹

红烧长鱼

梭子蟹炒年糕

响水人喜欢梭子蟹炒年糕，是因为“年”与“黏”同音，代表团圆凝聚，“糕”谐音“高”，寓意“步步高升”。梭子蟹炒年糕除了好看、喜庆，还上口、好吃。制作方法：将梭子蟹洗净，去掉蟹盖、蟹腮等多余的东西，剁成块，蟹钳用刀略拍几下；切成蟹块，用白酒、盐、胡椒粉腌渍，然后拍上淀粉；油锅烧热后，放入拍上淀粉的蟹块，煎炸至变色；再将葱、姜、蒜煸出香味，加少许辣酱炒出红油，然后放入煎炸好的蟹块，翻炒烹入白酒，再将年糕片入锅并翻炒均匀；加少许开水，放白糖、盐调味；改小火待汤汁黏稠，滴一点香油翻炒均匀；撒上香葱末，即可出锅食用。

清蒸螃蟹

响水螃蟹既不像阳澄湖大闸蟹，又不等同于洪泽湖螯蟹，其外形特点：贴泥的脐腹甲壳无墨色斑点，给人以晶莹洁白之感；蟹壳呈青泥色，平滑而有光泽；两螯上的茸毛短而密，蟹腿的毛根根挺拔……响水人吃螃蟹，大多是清蒸，制作方法：将螃蟹放水中吐净脏东西，用牙刷刷干净螃蟹，捆绑螃蟹的绳子不用解开；锅中放入水，加切好的姜片和打好结的香葱，喷几滴料酒、食用油，放入蒸屉将螃蟹摆好，盖上锅盖大火蒸5分钟后转中火蒸10分钟；姜、蒜切末，加入生抽、醋调汁，点几滴芝麻香油；蒸熟的螃蟹解绳盛盘，即可蘸汁食用。

红烧长鱼

响水人不但酷爱吃长鱼，而且烹饪方法花样繁多，能做出几十道长鱼佳肴。红烧长鱼制作方法：将长鱼去除内脏后，用温水洗掉其身上的黏液，不去骨，切成寸段；香葱、老姜、蒜洗净切段（片）备用；大火烧热炒锅中的油至八成热，放入姜片、蒜片、香葱段炒出香味，倒入长鱼段，加入黄酒、老抽、香醋、白砂糖翻炒3分钟，倒入开水，水淹过长鱼，盖上锅盖改成小火炖30分钟；大火收汤，待汤汁黏稠撒上白胡椒粉，点缀些香葱末即可出锅。

油煎白条

响水灌河里的白条，也有人称“大刀鱼”。灌河里的白条个头比其他地方的白条鱼稍大些。响水厨师烹制白条鱼以油煎酥炸出彩。酥炸白条色泽金黄，刺酥肉脆，香酥可口，慢嚼几口，食欲大增。制作方法：将白条洗净，去掉肚子里面杂物，抹上盐腌制几小时，做菜时将油烧热，撒上葱、姜，用温火炸至香味四溢；调中火，白条入锅1分钟后翻面，两面都翻过后调至小火。每隔2分钟翻1次，直至呈金黄色，有香味时再撒点香葱，10分钟左右起锅，起锅再撒点葱花到装盘的鱼上面。有人说，长江刀鱼也敌不过灌河白条的口味。

香辣田螺

响水人吃田螺，除了爆炒之外，还有焯熟取肉，螺肉可与多种食材煸炒或炖汤。制作方法：田螺买回家后，滴几滴香油，让田螺吐干净泥沙；将洗净的田螺用剪刀剪去尾部，再次浸泡冲洗；大火焯熟，杀死寄生虫（切记别煮老了）。油锅烧热后，加入葱、姜、蒜、花椒、辣椒爆香；放入焯好的田螺，加少许水、盐、料酒、鸡精，稍微放一点白糖，大火煮，汤汁减少后关火出锅；装盘，撒些香葱末点缀，即可食用。

河蚌豆腐

河蚌，响水人又称河歪、蛤蜊。河蚌肉适合烧、烹、炖，响水以河蚌豆腐最具特色，有诗云：“栖身淤泥不合污，坚壳柔体育珍珠；常与河水共翩跹，化作佳肴伴豆腐。”制作方法：将河蚌肉切成块，放入沸水锅内焯水后捞出备用；火腿肉切片，豆腐切块放入沸水锅内焯水，沥出水待用；锅内放油，入姜片、葱花爆香，放入河蚌肉煸炒；锅里放水待河蚌肉烧烂，加入珍珠粉、豆腐、蒜花、盐勾芡即可；起锅时放入胡椒粉，并滴入少许香油。特点：蚌肉清脆，腐软爽口，汤汁鲜美。

油煎白条

香辣田螺

河蚌豆腐

蚬肉炒韭菜

雪菜虎头鲨

萝卜丝鲫鱼汤

蚬肉炒韭菜

响水的蚬子，堪称“河鲜中的河鲜”。“沿淮二月柳初芽，正适河鲜出水沙。户户农闲淘蚬子，未知饕餮又谁家？”诗人描述春季吃鲜，莫过于吃蚬子。要说最佳搭配，莫过于蚬肉炒韭菜。韭菜也是民间一宝，有着“春之蔬，韭为先”的说法。响水还流传一句顺口溜：“蚬肉干，炒韭菜，不吃不吃弄两筷。”春季，蚬肉炒韭菜，是响水人的最爱。用料：蚬肉、韭菜、色拉油、食盐、蒜等；做法：韭菜洗净切段，蚬肉洗净沥干水分，热油锅爆香蒜片，先下韭菜，再下蚬肉，一起爆炒，最后用盐调味即可。

雪菜虎头鲨

响水有“虎头鲨煮雪菜，胀死老奶奶”的说法，正是因为这道菜其味极美，又非常适合老年人的胃口。制作方法：准备好腌制雪菜、葱、姜、蒜、料酒、糖、豆瓣酱、盐、辣椒等原料；将虎头鲨去鳃、去内脏清洗干净备用；葱、姜、蒜下油锅爆香后放入事先调好的土酱汁，将清理过的虎头鲨下锅，再将焯过水的雪菜下锅，加水没过虎头鲨；大火将汤汁烧沸腾后，改用小火煨15分钟，出锅后绝对美味。

萝卜丝鲫鱼汤

“萝卜响，咯嘣脆，吃了能活百来岁”。萝卜丝和鲫鱼煮汤，可谓是响水美食中的绝配。制作方法：先将鲫鱼宰杀洗净，在鱼身两面各划几刀，白萝卜去皮洗净切丝，香葱洗净切段，生姜洗净切片，锅内倒油烧热，把鲫鱼煎至两面略呈金黄色，倒入适量水、鲜肉丝、香葱段、生姜片、白萝卜丝及料酒，用小火煮至水开后再煮10分钟，放入精盐、味精即可。汤浓如乳，清香四溢，鲜美可口。

乡间美食

20世纪七八十年代，响水镇百姓家里操办大事，宴请客人置办酒席，非得凑齐“八大碗”热菜不可。这里的碗是指过去那种“大台碗”。“八大碗”上桌的顺序也是有讲究的，即膘、坨子（肉圆）、瘦肉充鸡、红烧肉、乌子、涨鸡蛋糕、甜羹、红烧鱼。

烧膘

烧膘前，膘要用开水浸泡，泡开后切成菱形或三角形。烧膘的汤，最好用温火熬过的鸡汤或骨头汤，同时加入蛋皮和小青菜。过去用粉条衬碗，现在改为鹌鹑蛋点缀。

烧坨子（肉圆）

响水镇的坨子比较大，大多圆球形或纺锤形。做喜事的坨子是不能掺假的。制作方法：先把猪肉剁碎成糊，兑上蛋浆、淀粉、葱姜、味精、盐、面反复搅匀后，用左手握糊，从拇指和食指虎口挤出，再用勺子取下放入沸腾的油锅里，圆勺头做圆形，长勺头做长形。肉圆浮出油面，表示已炸熟。烧坨子，过

烧膘

炸坨子（肉圆）

去大多用小青菜或慈姑衬托，现在有现炸坨子直接上桌的。通常每碗装25个（过去一桌8人），每人吃3个，留1个在碗里撤走，这样主家会觉得有面子，寓意主家生活富裕。

瘦肉充鸡

瘦肉充鸡，顾名思义就是拿猪瘦肉来充鸡。具体做法：把蒸好的米饭盛入大台碗中，将事先撕好的瘦肉丝放一点点在米饭上面，然后把调制好的荤汤浇在瘦肉丝和米饭上，再撒上青蒜末，冒尖一大碗端上桌。这碗瘦肉充鸡，既当菜又当饭，特别实惠。

红烧肉

响水镇的红烧肉是选用肥瘦适中的带皮五花肉，先把肉放锅里煮熟，取出用刀切成三四厘米的块状，再上笼蒸20分钟，把里面的油脂蒸涮。入锅红烧前，先把糖、酱油、香醋、料酒、肉汤等佐料加热，然后将肉块加入拌匀，温火煮10分钟出锅备用。开席前，盛到碗中，再上笼蒸10分钟，滤掉清油上桌，这样吃起来油而不腻、甜中藏香、润舌滋苔。

瘦肉充鸡

红烧肉

烧乌子

烧乌子

乌子就是乌贼，乌贼别名为花枝、墨斗鱼、乌子或墨鱼。制作方法：选小个的乌子用热水洗一遍，在水中浸泡两三个小时，然后抽筋、挖眼，小心去除体内墨汁；油锅炝香姜丝，放入乌丝煸炒，加上萝卜丝（也可加少许韭菜），兑上适量的水，烧滚开时，撒上胡椒粉、盐，滴几滴米醋、酱油，撒上青蒜，即可盛出。

涨鸡蛋糕

涨鸡蛋糕

原料：鸡蛋、淀粉、葱、木耳、胡萝卜、韭菜、盐、姜。制法：鸡蛋打散，加水淀粉，适量盐和葱花。锅加热，多放点油，倒入鸡蛋，开小火，用锅铲慢慢铲至蛋液基本凝固，盖上锅盖小火焖熟，再翻面焖到成型，并切块；锅加油烧热，放入葱、姜爆香，加入蛋块、胡萝卜、木耳、韭菜、清水（高汤更佳），煮开即可。

甜羹

甜羹，一是象征“甜甜蜜蜜”；二是“羹”和“根”谐音，把羹调好，才能把客留住。响水甜羹多种多样，常见的有红枣羹、桂圆羹、莲子羹、银耳羹等。以桂圆莲子红枣羹为例，主料：圆糯米60克、桂圆肉10克、去芯莲子20克、红枣6克、冰糖适量。步骤：先将莲子洗净，红枣去核，圆糯米洗净并浸泡；莲子与圆糯米加适量的水，小火煮40分钟，加入桂圆肉、红枣再熬煮15分钟，加冰糖适量，即可食用。

甜羹

红烧鱼

响水过去有“鱼到酒干，准备吃饭”的说法。制作方法：将整理好的鱼抽筋后在鱼身两面等距离各划五六刀，抹上盐和料酒腌制半小时；锅中放油烧至七成热，下鱼炸呈微黄色捞出待用；锅中留约一两余油，烧至四成热，改小火放入姜、蒜、葱炒出香味，加约500毫升汤或水；鱼下锅烧约3分钟，同时入酱油、料酒、盐，翻面再烧3分钟；将鱼捞起装盘，再将锅中的汤汁勾芡后，淋入鱼盘中即成。

红烧鱼

风味小吃

油条

响水油条，特色鲜明：一是粗，像个小擀面杖，历来以根计价；二是"嗤"，根根中空，不涩嘴；三是黄，火候恰到好处，口感特别松脆。用老百姓的话说"响水油条，色黄、质脆、味美"。响水人最传统的油条吃法是油条配上烧饼，又香又脆。如今还有用百叶、米饼等裹油条。响水油条，已经形成一种产业。南到广州、北至黑龙江，都有响水人在炸油条。正如有句顺口溜所说："小小油炸鬼，长了飞毛腿，跻身大都市，钞票赚成堆。"品尝过响水油条的人都这样点赞："天下油条香，响水数第一。"

油条

朝牌饼

响水朝牌饼，大多七寸左右长、三寸左右宽，外酥里绵，香味扑鼻。制作朝牌饼，用的全是活面，发面和烤制的技法均有讲究，甚至贴饼人站立的姿势、两手的动作也有规范。制作方法：朝牌炉内装炭火，四壁滚烫，技术精巧的师傅，往炉内贴朝牌，不兴绕着炉子转，做到站位固定，并且遵照"仰掌前推、勾手后贴、从左向右、左右开弓"的口诀，一般在2分钟左右贴满一周。响水人喜欢朝牌饼包油条，即刚出炉的朝牌饼包上刚出锅的油条吃。随着时代变迁，朝牌饼的口味越来越多。

小油端

小油端又叫萝卜丝饼。小油端的主要成分是面粉、萝卜丝（也有用瓜丝、藕丝或青菜

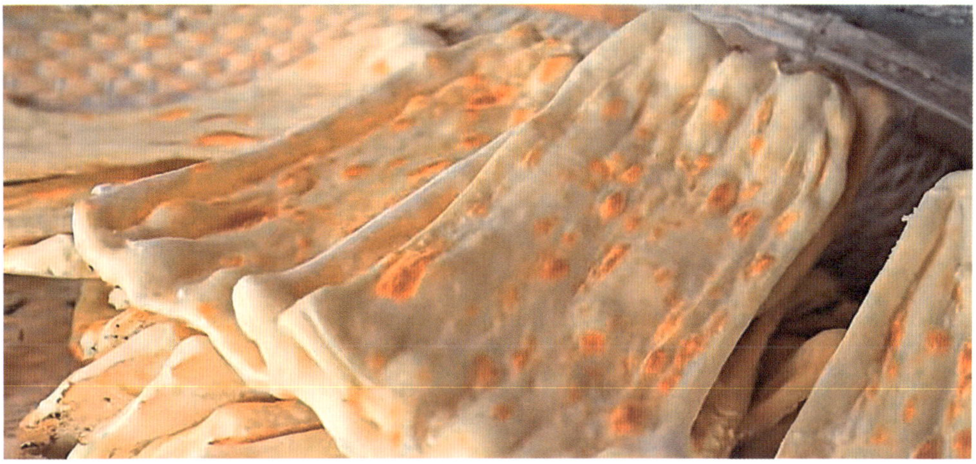

朝牌饼

小油端

豆腐脑

丝)、色拉油等。事前把洗净的萝卜刨成细丝，腌制片刻。去汁后拌以葱丝、姜丝，加入适量鸡精和细盐。取面粉加水和成稀糊状备用。制作方法：炸油端前，先将模具放在油锅里走一下，以防黏糊。待油锅烧热，在模具里倒少许面糊，将拌制好的萝卜丝放入其中，再浇一些面糊，连同模具一起放入烧热的油锅。片刻，即可将模具提起，在锅边轻轻一磕，已经成型的油端应声入锅。几分钟后，油端子慢慢从锅底浮起，由白色到黄色再到金黄色。用漏勺将其捞起放在铁架上或滤网里控油后，即可食用。油端香脆，吃不伤胃；油端不贵，吃得实惠；油端味美，不吃后悔。

豆腐脑

豆腐脑又叫豆腐花，是响水的传统风味小吃。豆腐脑，看上去白，嗅起来香，尝一口嫩。响水有首儿歌："要想胖，去开豆腐坊，豆腐脑儿填肚肠；要想白，天天喝碗白豆浆，保证三月变模样。"豆腐脑制作方法：一是制浆。干黄豆浸泡5—6小时，泡好后放入豆浆机内打磨，制成热豆浆。二是点浆。将盐卤慢慢注入煮沸的豆浆中，边注入边搅动。三是墩脑。浆点好后，将容器盖好，静置5—10分钟，即成鲜嫩可口的豆腐脑。四是调味。可根据各自的喜好调味，可选加生抽、虾皮、红椒、芝麻油、蒜泥、香菜、大头菜丝等。

面葫芦

又叫面絮、面疙瘩、麻雀头，是响水民间的家常美食。响水常见的有两种做法，第一种：面粉淋水搅拌，形成疙瘩形状，但不要和得太烂，个头也不宜过大。把配好的蔬菜洗净切碎，加鸡蛋、虾米（或虾皮）和调料在油锅里煸炒，然后加水煮沸，把面疙瘩边搅拌边撒入锅中，盖锅焖煮到熟，最后撒入香菜和青蒜盛出。第二种：将配好的蔬菜调料煸炒加水煮沸后，把白面和成糊状，放到大碗里，用筷子从碗口一下一下地抹到锅里，即民间所说的“夹疙瘩”。

油炸鸡毛靠

油炸鸡毛靠的制作方法：第一步，鱼洗干净后，用盐、料酒、醋、生抽，葱、姜、蒜切丝，腌制15—20分钟；第二步，搅拌面糊、面粉加黑胡椒粉、盐、鸡蛋、适量水，搅拌均匀；第三步，腌制好的鱼，去葱、姜、蒜沥干，放入面糊中。将鱼上都裹上面糊，放入油锅中炸，油热后用小火炸至金黄色即可食用。油炸鸡毛靠可以连头带刺一起吃，酥、香、脆俱全，滋味可口，且越嚼越香，响水灌河里的鸡毛靠口味更加独特。

猪头肉

响水人对猪头吃法独到，以卤制为特长。制作方法：将猪头去毛洗净后，在烧猪头锅里加入五香、八角、桂皮、花椒等辅料，先是大火烧开，然后是小火慢炖，直到满屋飘香，三日不绝。响水猪头肉口味独特，色泽红里透亮，香味绵长，尤其是汪家、朱家更为突出。

槐花饼

槐花饼，是响水人非常喜爱的一种时尚小吃。制作方法：槐花入开水中焯2分钟，捞出过凉水；在清水中浸泡半天以上，中间换几次水；捞出槐花，挤干水分备用；面粉添加鸡蛋、糖和盐，酌情添加一点水，拌匀后，反复揉面，添加槐花拌匀；锅内刷层薄油，取面糊双手团成团，放入锅内；均匀压扁，小火慢煎；底面煎黄后，翻面继续煎；双面煎黄后铲出即可。

面葫芦

油炸鸡毛靠

猪头肉

槐花饼

8 风土民情

响水人民在追求美好幸福生活的历史长河中，积累了丰富多彩的民俗礼节，崇礼尚贤，讲究尊老爱幼、积德行善、勤俭持家、礼尚往来。中华人民共和国成立后，摒弃陋习，形成新的社会风尚。在娱乐、婚丧嫁娶、节日、生诞、社会交往等民俗礼仪中，赋予社会主义新内涵。党的十八大后，镇党委、政府紧紧围绕社会主义核心价值观教育，“五个文明”一起抓，全面提高全民思想道德和整体素质水平，民俗习惯与时俱进，形成更加和谐、健康、文明的社会民俗新风尚。

灌河之春（2012年4月）　王志廷摄

春节

春节前，家家有蒸馒头、年糕，做肉圆，置办丰盛菜肴的习惯。当日黎明即起，先吃开口糕果，寓意步步高升，再开门鸣放鞭炮。接着合家吃汤圆，汤圆又叫“元宝”；吃水饺，又称“万万顺”。这一天忌大扫除，禁用刀、剪、针。人人穿新衣服，戴新帽。相携去亲友家拜年。长辈亲友给晚辈“压岁钱”。招待拜年来客敬上事先准备好的花生、葵花子、糕点、糖果等。众多家庭置办“春酒”，亲朋之间相互酬请。

春节送春联活动（2023年1月）　　李守卓供

元宵节舞龙表演（2023年2月）　　响水县文广旅局供

财神日

农历正月初五称为财神日，商家有敬财神习俗。清晨鸣放鞭炮，接财神；农家晚上会提灯笼，在菜园里照一圈，谓之“炸马虫”，也有的放小鞭，称为“炸虫眼”，以祈新的一年不发生虫害。有求乞者扮成财神，挨门逐户向主家讨取钱财，名为“跳财神”。也有用彩纸糊成麒麟，扛在肩上，伴着锣鼓，挨门逐户拜年说着“恭喜发财、生意兴隆”等吉利话，主家会散烟给钱。

元宵节

又名上元节、小正月、元夕或灯节，元宵节吃汤圆有千年历史，“汤圆”与“团圆”字音相近，象征着团团圆圆，和睦相处。直到今天，汤圆已成为响水人元宵佳节早餐必备美食。汤圆有两种：无馅的糯米粉等做的球形食品；另一用黑芝麻、猪油、白砂糖、野菜等为原料做馅，外用糯米粉做皮的食品，吃起来香甜可口。因为这种糯米球煮在锅里又浮又沉，所以它最早叫“浮圆子”，后来改称汤圆。元宵节的习俗主要有早上家家吃汤圆、饺子。晚上猜灯谜、观花灯，放鞭炮、烟花，闹元宵。党政机关、群团组织常常举办文艺联欢活动，有地方组织街头提灯晚会，玩龙灯、舞狮子、放烟花。

二月二

农历二月二日称中和节、春龙节、青龙

二月二，志愿者给老人理发（2023年2月）　　龚成功摄

节，民间认为在这一天剃头，会使人鸿运当头、福星高照。儿童理发叫“剃喜头”，很多家长都会在这一天给孩子理发，望子成龙，望女成凤。借龙抬头之吉时，保佑孩童健康成长，长大后出人头地；大人理发则寓意辞旧迎新，希望带来好兆头、好运气。民谚说“二月二剃龙头，一年都有精神头”。每逢这天，家家理发店都顾客盈门，生意兴隆。二月二是“龙抬头”之日，这天吃面条叫吃“龙须”，吃饺子叫吃“龙耳”，吃春饼叫吃“龙鳞”，吃米饭叫吃“龙子”等；童谣有“二月二，龙抬头，农家户户带活候，带回家来吃馒头”“二月二、龙抬头，大囤满、小囤流”等的说法，预示着一年农事活动即将开始。二月二这一天，传统民间也有不少禁忌，比如，“晨忌汲水”，怕触了“龙头”，惹龙王爷发怒；还有，妇女也不许动用针线，以防不小心扎伤“龙目”、刺穿“龙头”。

清明节

又叫踏青节，二十四节气之一，是中国传统节日，也是最重要的祭祀节日之一，是祭祖和扫墓的日子。清明节前十天左右开始扫墓。以前土葬各家各户主要是修墓填坟。过去响水人还有“斋孤”的习俗，许多无主坟墓，常年无人问津，“家不像家”，更没有人烧一张“纸钱”。好心人会在无主坟墓上加几锹土，挖个坟墓顶，再烧一些纸钱，让这些“孤魂野鬼”也得到照顾。现实行火葬，大都建立公墓，墓都有墓基和墓碑。后辈会在清明节前后来献花，叩头烧纸，有的人家还带上水果、酒饭等供品，进行祭奠，寄托哀思，追忆亡灵。响水清明节还有插柳的习俗，民间有“清明不插柳，死后变黄狗”的说法，因此，家家户户争相插柳，小孩子还喜欢戴柳编的帽子，大姑娘、小媳妇喜欢将柳枝抹成柳花，戴在头上，也有的把柳花挂在蚊帐钩上，目的是驱邪避秽。清明时节春光明媚，桃红柳绿，莺歌燕飞，气候宜人，正是野外踏青的好时光，唐代人就有野外郊游的习俗，进行射柳、扑碟、拔河、蹴鞠、放风筝、荡秋千等娱乐活动，还有人带酒菜在野外露餐。清明节还是纪念革命烈士的重要节日。

立夏

人们习惯把“立夏”作为春季的结束、夏季的开始。这时农作物生长旺盛，田间管理日益繁忙，“立夏三朝遍地除”。这天民间普遍有进食鸡蛋的习俗。意可消暑，以免“疰夏”。也有既吃鸡蛋，又吃鸭蛋。可谓“三鸡四鸭，吃了永不发”（旧病不再复发）。还有持秤称人习俗，祈求夏季无灾无难不减体重。

端午节

农历五月初五，称为端午节，又称端阳节、午日节、重午节、龙舟节、娃娃节、五月端。民谚说“清明插柳，端午插艾”。由于艾草有特殊的香味，人们用它来驱病、防蚊、辟邪。自古响水人有喝雄黄酒的习俗，端午节这天，人们把雄黄倒入酒中饮用，并把雄黄酒

端午节包粽子（2022年6月）　李守卓摄

涂在小孩儿的耳、鼻、额头、手、足等处，希望如此能够使孩子们不受蛇虫的伤害。民间认为，农历五月称为“毒月”，五日称“毒日”，五日中午称“毒时”，居三毒之端，是为“五月端”，故名“端午”。这天会给人们特别是小孩带来灾难，所以要设法消灾。端午节，家家用芦苇叶子包粽子，品种有糯米加赤豆、肉、大枣、花生等，和鸡蛋（鸭蛋）一起煮熟。是日早上，吃粽子、白糖、鸡蛋；有的用韭菜叶露水擦洗身上，清洁皮肤。上午，农户门檐插菖蒲和艾草避邪。中午饮雄黄酒祛病，蛤蟆吞食的明矾可以治小孩嘴里的疮，吃烧烤的大蒜可以治肚子疼。下午，小孩用红丝线扣手腕、脚踝，佩戴香包，内装艾叶、雄黄，用于辟邪。过了初五，带姑娘回家“吃馊粽子”。

六月六

农历六月初六，又叫天贶节。这天如为晴天，各家要晒衣物，称为“晒龙袍”；如遇下雨，则可能有长时间的阴雨天，民间有“六月六，晒龙衣，湿了龙衣烂蓑衣”“六月六下雨，翻晒龙袍四十天”之说。农村还有吃炒面（也称焦屑）、吃馓子的习俗。此外，还有民谣“六月六，小猫小狗同沐浴”，意思是说，六月六这天洗澡，小孩一夏不长痱子，妇女在这天洗头，谓之“今天洗个头，头发不腻垢”。

七夕节

农历七月初七，又称乞巧节、女儿节、小儿节。响水镇有穿针乞巧、喜蛛应巧、投针验巧、兰夜斗巧、种生求子、为牛庆生、晒书晒衣、供奉磨喝乐、拜织女、拜魁星、七姐诞、染指甲、妇女洗发、结扎巧姑、拜七娘妈、吃巧果等习俗。随着时代变迁，知识的增长，人们对牛郎织女爱情传说不再感到神秘，人们对过“七夕”不会太“隆重”，因为年轻人的婚姻爱情自由民主。不过少男少女们会用现代方式过“七夕”。上了年纪的夫妇，大都买一些实惠的礼物，如衣服、项链、戒指等。

七月半

农历七月十五俗称七月半，又称为“鬼节”。在20世纪40年代，中元节很受重视，人们传承着以家为单位的祭祖习俗。随着改革开放深入，传统节日逐步回归。2010年5月18日，中元节被列入国家级非物质文化遗产。此节主要是祭祀祖先及已故的亲人，祭祀的方式有在祖坟前摆放酒、菜、饭食等祭品，烧纸钱、叩头，从而知本感恩、不忘祖德，教育后生。现在提倡以鲜花祭奠、网上祭祀、家庭追思等文明、健康的现代方式祭祖。

中秋佳节包月饼（2023年9月）　李守卓摄

中秋节

农历八月十五为中秋节，俗称八月半、团圆节、拜月节。它的地位仅次于春节。节前亲友互送月饼等礼品，子女备月饼、烟酒、保健品孝敬双亲。中午，全家人团圆酒宴；晚上，吃团圆饼、月饼，鸣放鞭炮，赏月。旧时，晚上户户在月光下摆供桌，桌上放着水果、新鲜山芋，烧花皮，放鞭炮，“敬月神”。党政机关和群众团体在节日前组织人员看望慰问烈军属、敬老院老人、“五保”户、离退休职工；单位举行茶话会、联欢会，有发月饼等福利。

重阳节

农历九月初九称重阳节，又称为重九节、老人节、寿高节。重阳节与除夕、清明节、中元节是中国传统四大祭祖的节日。响水人过重阳节有登高的习俗，金秋九月，天高气

重阳节慰问演出（2023年10月） 李守卓摄

爽，这个季节登高望远可心旷神怡、健身治病。重阳糕又称花糕、菊糕、桂花糕等，俗语道“重阳吃块饼，过寒就不冷；重阳吃块糕，过寒就不焦”“重阳无雨看十三，十三无雨一冬干”。讲究的重阳糕要做成九层，像座宝塔，“糕”与“高”同音，“吃糕”代替“登高”的意思，人们认为在重阳节这天吃糕，象征着未来的日子步步高。重阳节历来有赏菊的习俗，农历九月俗称“菊月”，节日举办赏菊会。1989年，政府将农历九月初九正式定为老人节、敬老节。至此，响水镇政府每年开展敬老活动，党员干部深入老党员、老干部、贫困户家中慰问，听取群众呼声，帮助解决群众实际困难，使老有所养，老有所居，老有所医。

冬至

响水人把冬至前一天叫“小冬”，冬至日叫“大冬”。境内有“大冬大似年”说法。当日，日出之前，要食南瓜汤和赤豆汤，有的人家还吃南瓜饼。相传吃了南瓜汤（饼）一年头不疼。晚上用冬瓜皮熬水洗脚，传说可不发冻疮；用桑叶熬水洗眼，可不生眼疾。另说，冬至是“鬼过年”，家家都备酒菜，焚纸钱祭奠祖先。

腊八

农历十二月俗称腊月，十二月初八就叫腊八，响水人把这天作为小节，叫腊八节，习俗是吃腊八粥，又称福寿粥、福德粥，意思是吃了腊八粥可以增福添寿。做粥用的原料有红枣、莲子、杏仁、松子仁、桂圆、葡萄、白果、赤豆、花生等，这是甜粥。还有人家熬咸粥，除干果外混合肉、豆腐等。现在的腊八粥，无论咸甜，里面的食材品种多、档次高。更有一些讲究人家为了保健，按药膳配方投放食材，煮出的粥更有利于强身健体。但民间煮腊八粥绝不放青菜，意思是吃青菜，来年庄稼地里杂草丛生。食用腊八粥，就是预祝来年五谷丰登，人寿年丰。

送灶

又称小年夜，民间有“官家二十三，民家二十四，乌龟王八二十五”。还有说法“官三（二十三）民四（二十四）船家五（二十五）”。送灶仪式都在黄昏入夜的时候进行，仪式开始女子要回避，由家里男子来到灶房，摆好桌子，向灶王敬香，点燃蜡烛，摆上饭菜，供上饴糖。然后将竹篾扎成的纸马和喂马的草料摆在桌旁。用饴糖供奉灶王爷，目的是让他老人家甜甜嘴，上天说说好话。有的人家还把饴糖塞住灶王爷的嘴，让他老人家别说坏话。纸马是给灶王爷上天坐的，备足草料，省得他老人家麻烦。人们用饴糖涂过灶王嘴以后，便将神像揭下，撕去

腊八粥

两边对联，与纸马和草料一起焚烧，让灶王爷乘马升天。还有的人家供奉过灶王爷后，再将灶王像请出神龛，连同纸马、草料和事先堆积在院子里的芝麻秸秆、松树枝一起焚烧。接着，一家男人围着火叩头，嘴里还念念有词："今年又到二十四，敬送灶君上西天，有壮马、有草料，一路顺风平安到。供的甜瓜甜又甜，请对阎王进好言。"有的在灶台贴对联"上天言好事，下界保平安"，流露出"求富求安"的心理。除夕，再焚香燃烛，接引灶神归位，贴新的灶神像，上贴挂廊，两边贴"上天言好事，下界保平安"灶联。送灶后到三十晚，理发铺和浴池不关门，理发、洗澡价格上涨，称要"压岁钱"，理发不找零。盐民不送灶，认为送灶就等于丢饭碗。

除夕

农历腊月三十日或月小二十九日，俗称"三十晚上"。进入腊月，户户准备细粮、包馒头、蒸包子、灌香肠、炸肉圆、炒花生，购置糕果糖、烟酒、水果等主副食品，大人小孩添置新衣、新鞋，备烟花爆竹，俗称忙年；亲友之间互送年礼。腊月三十晚前几天，机关团体、企事业单位举行座谈会、联欢会、迎春茶话会，向职工发放"红包"和慰问品。腊月三十早上，农户用碎草燃起"狼烟"。早饭用豆角干（俗称"钱串子"）烧汤，蒸馒头。午餐丰盛，摆酒设宴，合家团聚，餐前烧纸钱，祭祖先，城里有的到酒店订年夜饭。下午贴春联（也称门对、对联、对子、桃符）、年画、福字，原来春联题写在桃木板上，桃木是红的，有吉祥、避邪之意，因此春联大都用红纸书写，庙宇用黄纸，守孝（服孝未满）用白、绿、黄三色，第一年用白纸，第二年绿纸，第三年黄纸，第四年恢复用红纸；有的人家怕小孩、妇女大年初一说错话，门上贴"童言妇语，一概无忌"红纸条；灶台上灶君像两侧（接灶）贴上"上天言好事，下界保平安"灶联，上贴"挂廊"，灶台上放上糕。炒花生、煮鱼、煮辣糊豆、包饺子备初一用。晚上，长辈给晚辈"压岁钱"，锅、碗里放上糕、馒头，水缸满水。腊月三十日晚，有的城里人举家上宾馆、饭店吃年夜饭。晚饭后，全家人洗手洗脚剪指甲，换新衣，点上长明灯，团聚守岁看电视，迎接财神，直到大年初一凌晨，辞旧迎新放鞭炮。

服饰

服装　中华人民共和国成立后，农民以中式服装为主，干部职工与青年学生则穿中山装、列宁装、学生装和军装。“文化大革命”期间，普遍时兴穿绿军装和中山装。80年代，男女青年则以西装、夹克衫为主，中老年则以中山装为主。90年代起，休闲装、T恤衫盛行，服饰日趋多样化，男装以藏青、黑色、铁灰色调为主，女装花色繁多。

旗袍秀（2023年7月）　吴丽娟供

鞋袜　中华人民共和国成立后，境内鞋袜种类较多，有凉鞋、拖鞋和胶鞋、球鞋等。袜子除布袜外，还有棉纱袜、腈纶袜等。布鞋的式样则以圆口、尖口、松紧口、方口较多。1990年起，男女青年分别以皮鞋、旅游鞋、高跟鞋和高帮靴为主。

冠帽　中华人民共和国成立前，地主士绅、商人多戴瓜皮帽、礼帽，农民则多戴毡帽、马虎帽（又称狗头帽）和斗篷。妇女一般用毛巾扎头，中华人民共和国成立后，男子普遍戴八角帽，后为解放帽、工人帽等。“文化大革命”期间，男女青年曾时兴戴黄军帽，妇女则多以三角巾扎头。1980年起，青年男女中流行帽式因季节而异，如风雪帽、太阳帽、旅游帽及各式红线帽等。

发型　民国初期，政府令男子剪辫。城镇男子初为光头，继为平顶、圆顶，后流行三七分西式发；成年女子多为“一刀切”式，女孩后面剪“半月亮”式或留长辫子。乡村男孩多为“稻蓬头”或“瓦爿头”，也有蓄“桃形发”或小辫的；女子出嫁后梳“牛屎头”“盘香头”等发式。1930年起，出现火烫发；1956年起，有电烫；1980年起，化学烫传入。现代女子，较为流行的发式有“波浪”“流云”“菊花”等；男子发型一般为游泳式、西式，青年人爱留长鬓发。

首饰　旧时妇女首饰有钗、耳环、戒指、手镯、项链等。儿童颈上套银制的项圈和“长命锁”。1990年起，流行佩戴首饰，以金首饰为主，翡翠、玉佩开始流行。

饮食

主食　中华人民共和国成立前，响水镇一日三餐以玉米、元麦、大麦和山芋为主食。家境贫困的，多掺入瓜、菜代替粮食。如菜粥、瓜粥、野菜粥等。玉米、大麦多用碓、碾、磨加工成糈子，再煮制食物，更多用石磨将玉米、元麦、小麦、黄豆、山芋干磨成糊煮粥。1970年起，主粮多为大米、白面。改善饮食的主食品有汤圆、饺子、馄饨、烧饼、油条、包子等。

菜肴　响水镇农家常年以素菜为主，大多数农家每年都腌制咸菜。逢年过节，或是婚丧喜庆，通常食用的有猪肉、牛肉、羊肉、鱼肉、鸡肉等。1980年起，荤菜增加，多以烧、炒、煮、烩、炸等方式制作。家常菜一般以荤、素搭配烹制，花色品种较多。在迎接嘉宾宴席中，增加一些具有地方特色的名菜，如四腮鲈鱼、甲鱼汤、梭子蟹、条虾等。

婚嫁

提媒　旧时，提亲讲究“门当户对”，有“板门对板门，笆门对笆门”之说。未走路之前订亲，叫“奶婚”或“娃娃亲”。现时男女青年婚姻自主，男女双方恋爱自谈，结婚时请人证婚。

合婚　旧时，女方将年、月、日、时各二字，合为“八字”，写在红纸上，送给男方。男方用红纸写上生辰八字，请算命先生合婚，看年庚是否可对，属相是否相克。有“女大三（女子比男子大3岁）抱金砖”、六冲（大6岁）白功之说。喜事多选择双日，一般农历五月不办喜事。

订亲　相亲满意后选择吉日订亲。双方约定礼金数额，女方到男方家拿订亲礼。订婚之日，男方备酒席招待女方家人和亲友、媒人。

下礼　男方带媒人选择吉日向女家送彩礼。旧时，一般给几件衣料和鱼肉、糕果等，后为手表、自行车、缝纫机三大件；后来，彩礼多为现金、戒指、项链、高档服饰等。现时，多为现金和金银首饰，彩礼数额少则几万元，多则十几万元。下礼出发前放鞭炮，女方迎接时也放鞭炮，酒席款待，回赠礼品（食物礼品回半），加上糕等。

送日子　旧时，结婚前男方请算命先生或懂得八卦的人选择吉日良辰，男方用红纸写上结婚日期，托媒人送给女方，女方接到后，开始操办婚事。女子出嫁前减少饮食，俗称待饭。现时，大多选择元旦、春节、五一节、国庆节等节假日结婚。

迎妆　婚前男方派人迎回女方嫁妆。20世纪80年代，嫁妆有被褥、厨、厢、茶瓶、马子（马桶）等。2000年起，有被褥、彩电、冰箱、洗衣机、助力车、沙发等日用品，嫁妆上贴双喜红字。新娘放些钱在陪嫁箱里，俗称压箱钱。

催妆　结婚前一天，亲友上门送礼，给男方的称压口袋钱，给女方的称压箱钱。

铺床　结婚前一天，请“全福奶”（夫妻健在、儿女成双的妇女）缝被子，收拾喜房。喜房窗户用红纸糊上，喜床上方用大柴（芦苇）扎着“养成”，放上芦席，喜床下放着一层芦苇，马桶、床上、被角放“五子果”（白果、大枣、花生、栗子、桂圆，寓意“五子登科”、多子多福）。

迎亲　结婚当天上午，旧时男方用轿子迎亲。20世纪80年代，迎娶新娘多用手扶拖拉机、摩托车、自行车，少数用轿车；90年代起，流行轿车迎亲，车头放一束鲜花、车前后贴红双喜字。迎亲轿车一般2辆以上，有照相、摄像人员。婚车带着“全福姑娘”（父母健在、有兄弟的未婚姑娘）到女方家带人，女方家人送亲，“全福姑娘”全程陪伴，带鲤鱼、双刀肉、百果等礼品，礼品逢双，女方回半。中午，女方招待男方来人后起轿。新娘离开娘家前，“全福奶奶（大平奶奶）”给新娘插花、盖头布，穿父亲或哥弟鞋子，直到上花轿脱下，意为“不把娘家的泥土带走”，起轿放鞭炮。娘家送亲人到半程返回。轿子带新娘快到男方家，放鞭炮迎接，开车人暂不让新娘出轿，称捺性子。给喜钱后“全福奶奶”搀扶新娘下轿车，主持拜堂，进门给新娘倒水洗脸、吃糕茶，新娘与新郎喝交杯酒，拜天地、拜高堂，夫妻互拜后入洞房。

吃团圆饭　喜宴后，新娘同家人回住宅吃团圆饭，“全福奶奶”夹些鱼肉放在新娘碗里，边夹边说“新娘吃块膘，养儿上学校”“新娘吃块肉，养儿疼不够”“新娘吃块鸡，养儿笑嘻嘻”等喜话。新娘在席间第一次将“公公”“婆婆”称“爸爸”“妈妈”等，在桌亲人给新娘红包。团圆饭后，平辈或晚辈亲友闹新房，先是“全福人”，后一般人，意为“闹发”。闹房结束前，一位男亲友拿一把红筷子，说喜话、戳红窗，放鞭炮，新娘、新郎上床休息；洞房内两盏灯通夜不熄。

会亲　一般在正日后一天举行，俗称分朝。早上公婆在地上放红包，新娘起来扫地捡拾。新娘上锅煮早饭，炕饼煮鱼。上午新娘父亲及兄或弟到新郎家会亲友。

回门　农村一般婚后三朝或六朝新娘带新郎首次回娘家称回门，当天日落前回婆家，蜜月不空房。满月前，新娘不到邻居家串门。城里人结婚多数当日回门。

生育

催生　分娩前，娘家人送衣袜、手镯等到婆家称催生；临产时到医院生产。

报喜　生男孩向亲友送红鸡蛋，俗称报喜，每户送红蛋3枚（生女孩不送）。产妇满月前忌进别人家中；婴儿养得胖称富态。

满月　婴儿出生1个月，亲友在月内送礼称月子礼。20世纪80年代，月子礼大多数送鸡蛋、馓子、小麦面饼，少数送现金；90年代起，多为现金。满月时，婆家办满月酒答谢。满月后，娘家带产妇和婴儿回娘家，俗称躲尿汪。婴儿满月，为其剃头，俗称剃胎头。

百朝　婴儿出生100天，有的邀请亲朋参加，中午办酒宴庆贺，亲朋送庆贺礼。

寿诞

头生日　婴儿周岁称初度，亲友送礼庆贺，主家宴请亲朋。小孩头生日时，桌前放上纸墨、笔砚、算盘、线包、糕果等让其随意抓，首先抓起的东西或预示着孩子长大后的喜好和事业发展方向。

10岁　儿童10岁（虚岁）古称外傅；大多数人家邀请亲友庆贺，宴请亲朋。

整生日　20岁男青年称弱冠、未婚女子称行期，30岁称而立，40岁称不惑，50岁称知天命，20—50岁过生日，俗称整生日。旧俗，60岁以下不祝寿，如过寿，人会说麻木过；60岁以下过生日，只办一点好菜，切点面条，全家团聚庆贺，亲友一般不参加。现时，有少数人家邀请亲友聚餐，一般不收礼。

过寿　60岁以上过生日称过寿。60岁过整生日，70岁以上过寿一般提前一年庆贺，俗有“过九不过十”。过寿时，儿子负责酒筵花费，女儿为父母添置衣服、鞋、帽、袜等服饰。寿庆可在寿星生日时操办，亦可适当提前或推迟。80岁以上人过寿比较隆重。旧时，过寿一般设寿堂，寿堂悬挂《寿星图》，中堂两边挂寿联，寿堂设供桌、点寿烛，寿庆者一般称为寿星。女儿为寿星做一身全新长寿衣，寿衣略长略肥。过寿前一天下午，嫡系亲戚登门祝寿，快到寿星家放鞭炮，寿星家人出门放鞭炮迎接，到堂上送寿礼、寿仪。亲友贺寿，贺仪一般不送钱，而是送寿幛、寿字、寿联、寿酒、寿糕、寿桃、寿面、寿烛；现时，多为送现金。晚上，寿星家点烛鸣鞭，贴寿联，放电影或唱戏，设宴，亲友、家人在一起吃面条，俗称暖寿酒。寿星生日当天，早饭吃寿面；正堂中放一把椅子，寿星穿长寿衣坐椅子上，面朝外，受儿孙叩拜，接受儿孙、亲友贺寿，仪式一为寿星送《寿星图》，二送寿桃，寿桃用盘子装好（谐音蟠桃），寿桃最好是108个，亲友祝寿要说喜话，并有专人道好。

讨寿　80岁以上寿星过寿，亲友一般把吃饭的碗带走，称为讨寿，拿回家让孩子使用。2000年起，多数人家寿星过寿，中午设宴招待亲朋，寿星家人向亲友赠送寿碗2只。百岁以上老人生日，地方党委、人民政府常到寿星家祝寿、慰问。

丧葬

送终　人咽气前，家属子女侍守床前；为其理发，穿寿衣。死亡前更换寿衣，俗有“五领三腰”（上衣五件、裤子三件）。

报丧　人咽气后，孝子立即向死者娘家或舅家、长辈登门报丧，俗称把信，其他亲朋电话报丧。亲友闻讯即到，儿孙在外赶回奔丧。人在农村平房里去世的，将死者穿过的一件上衣扔在房上。

守灵　卸堂门一扇，铺上芦苇和席子，将遗体移至门上，置于正堂东墙边，陈尸头朝外、脚朝里，脸部用火纸（黄色草纸）蒙住，袖笼里放着用儿子头发和面做的打狗饼。头前、脚后各点豆油灯一盏，至尸体火化前长明不熄；头前供米一碗、放烧纸盆，米碗里插一双筷子，头、足下放置砖块或木块。天气较热，遗体放入透明冰棺内。孝子儿孙、媳妇和孙女日夜守灵，不准猫、狗进门。

戴孝　孝子跪请嫡系亲戚（男性死者为表叔、女性死者为娘家人）披麻戴孝，日夜守候遗体；媳妇、女儿穿白布衫，头戴白孝布条拖到地上，腰扎麻，脚穿草鞋（或白鞋）；孙子头顶白布帽；孙女身披一块长白布；女婿、孙女婿头戴白布帽，曾孙子头戴红布帽。一般亲友穿素色衣，戴素色帽，戴白布孝。戴布孝忌入邻居家。

捧哭丧棒　人死后，用麻把柴扎成捆，长90厘米左右，逝者的儿子、孙子、重孙、玄孙等人手一根，外糊白纸或彩纸，儿子的哭丧棒为白色花边，侄儿的哭丧棒白色半截花边，孙子、重孙（曾孙）的哭丧棒分别为蓝绿色、红色。

吊丧　亲友吊丧，孝子手捧哭丧棒跪接，递送白孝布或黑纱；亲友向逝者三鞠躬时，孝子跪下烧纸。

吹手　也称乐队。人咽气到下葬，雇吹手吹号奏乐，悼念死者。男人死后由其女儿雇吹手，女人死后由其女儿或娘家人雇吹手。

送饭　芦席在三岔路口圈“土地庙”，孝子、孝孙，孝女、孝媳等去为逝者送饭。送饭时，一位长者手提茶壶，另一位长者手拿筛子在前，盛满三酒盅米饭菜，送饭人手捧哭丧棒，吹手陪同，到“土地庙”烧纸磕头，“送饭”七顿，留一顿不送作死者盘缠。

入殓　遗体一般停留三天二夜，入殓前，逝者眼未闭上的，由长子揉至瞑目。死人入棺时，全家人号哭。

出殡　吉日早晨，孝子、孝孙、孝女、孝媳、娘舅、表叔、长辈、同辈、晚辈分别在门前向逝者叩拜，绕遗体一周告别，遗体装上灵棺，孝子、孝孙手捧哭丧棒站在门前两侧、其他亲友戴孝分给门前两侧，送遗体上车火化。

送行　孝子、孝孙捧哭丧棒，亲友拿花圈、挽幛等缓慢步行，专人举“领魂幡”，吹鼓手在前，灵车载遗体随后，哭声、丧乐声不停，护送遗体，同时专人抬棺材向茔地。送行到“土地庙”前，提饭长者拆掉“土地庙”，孝子摔坏烧纸盒。再送行一程后，孝子、孝孙捧哭丧棒上灵车，与吹手送遗体到火化场，其他人丢下哭丧棒上其他车辆，一路上丢下“买路线”（黄纸）。哭丧棒、花圈装上车运到茔地，有的花圈运到火葬场。棺材抬到预定地点，等待骨灰。

清扫　遗体出门后，亲友将停尸床、席迅速搬出，用竹竿把房上的逝者衣服取下；清扫屋内，用火把照屋内，祛除屋内气味。

火化　遗体到殡仪馆后，缴费、挂号、排队。火化前，殡仪馆专人为遗体整容、摄像，主持仪式，告别遗体。遗体装上停尸床上车火化，子女、亲友在指定地点收取骨灰，骨灰装盒，孝子用红布包好骨灰返回。回来不走原路。

抢头碗　孝子抢吃事先做好的米饭，饭里分别放金、银或硬币，吃到有金或银的叫抢到头碗；或者是在饺子里放入金、银或硬币，吃到有金、银或硬币的为抢到头碗。

丧宴　除部分亲友特殊外，吊唁亲友在丧家就餐，早餐从简，中餐、晚餐较为丰盛。骨灰安葬之日中午，设酒宴招待。逝者80岁以上，俗称喜丧，吃饭后把碗带走，给小孩子用。酒店招待的，一般每户出席一人。宴毕，丧家赠碗，每人2只。

复山　妇女备饭菜到新坟前供祭，坟填好当日下午，孝女、孝媳等去墓地烧纸、供饭、抓泥撒墓，称复山。

建房

建房　旧时，民间建房均请地理先生或“风水先生”选址，择良辰吉日破土动工。上梁时也要选择吉日，张贴大红对联，掌工的木匠、瓦匠站在梁上，端着装有糕、粽和米的小斗或捧盘，向下抛掷，让孩子们争抢同时鸣放鞭炮。主人要给工匠喜钱，俗称红包。上梁后，亲友要送礼祝贺，谓之“跑梁”，主人设宴酬谢。20世纪60—80年代，民间建房基本沿用旧习俗。90年代起，“跑梁”的贺礼日渐丰厚，主人宴请更加丰盛。

乔迁　俗称搬家。择良辰吉日搬进新房，搬家时先在新房内放鞭炮以示驱除邪恶。先搬进糕、粽子、馒头、红鱼、双刀肉、葱之类，象征丰衣足食，吉庆有余。亲友、邻居送礼祝贺，主人则设宴招待表示谢意。

农村建房上梁（2018年5月）　　李守卓供

传统行当

理发

旧时称剃头匠。使用一根扁担，一头挑着烧水炉具、脸盆、毛巾、刀具，一头挑着坐具、布篷等，在街巷、村头设摊。剃头工具主要是剃头刀和梳子，专为男性村民剃头、刮胡须、光脸面。现时美容美发店遍地开花。

木匠

中华人民共和国成立前，响水镇共有4家木匠铺。中华人民共和国成立后，增加到11家木匠铺。主要加工木制农具，如犁、耙、木锨等，以及脚桶、水桶、板凳、椅子、桌子等生活用具。20世纪80年代后至21世纪初，木匠大多为建筑工程服务或制作家具。

铁匠

1920年，响水镇出现铁匠作坊。中华人民共和国成立之初，境内铁匠铺发展至十余家。规模较大的李美军、贾文明、葛立法铁匠铺，常年雇佣铁匠30余人，主要制作农用铁器、船只配件，修理农具。随着机械化水平提高，20世纪末境内铁匠铺所剩无几。

20世纪80年代响水街理发店（1988年8月）　　李守卓摄

20世纪80年代响水街木匠铺（1988年9月）　　李守卓摄

20世纪80年代响水街铁匠铺（1989年4月）　　李守卓摄

20世纪90年代响水街缝纫店（1999年5月）　李守卓摄

20世纪70年代货郎担（1977年4月）　李守卓摄

缝纫

20世纪30年代初，响水镇即有裁缝，主要靠手工操作。30年代后期，开始使用缝纫机。1956年，响水镇有100多人从事成衣缝纫。1990年起，大多人购买成品服装，个人缝纫日渐萧条。进入21世纪，响水镇仅有不足20人从事缝纫加工或衣衫修补。

戗刀磨剪子

旧时，从事此行业的人以长条凳作扁担，一头放磨刀工具，一头挑着铺盖走街串户，为村民磨菜刀、戗剪子。边走边吆喝“戗刀磨剪子嘞，戗菜刀”“磨剪子嘞，戗菜刀”。

货郎担

20世纪70年代，货郎担者一头挑着日常用品，诸如针线、顶针、火柴、染料及儿童喜欢的糖果、小玩具等几十种杂货；另一头挑着盛废铁、废铜等废品的竹筐。手里拿着货郎鼓，边走边摇货郎鼓，边吆喝“拿破烂废铁、废铜来换洋钉、洋火啦”。另有钯锅、钯碗等手工业者，这些行当基本在2000年后绝迹。

方言俗语

方言

一肚花驴蛋（满脑坏点子）

一嘴番瓜钉（不讲道理）

二痴不愣（智力障碍者）

十粒五双（籽粒饱满）

十逼左子（吝啬）

三花两绕（办事速度快）

大没日狗（大摇大摆）

哈大六痴（马大哈）

六六通通（约定好）

火打火六（高高兴兴）

心心念念（常挂心上）

打鸡骂狗（骂骂咧咧）

肉泥铎酱（不干脆）

汤汤口气（试探）

兴兴乓乓（高兴）

异异歪歪（味道不好）

老滋老味（倚老卖老）

老不舌丈（搬弄是非）

闯祸菩萨（会惹祸）

灰塘火色（灰尘多）

坑头坑脑（一心一意）

闷痴闷痴（做事不声张）

没里没外（里外皆有）

狗脸赖猫（翻脸不认人）

空手大摇（空手来了）

咋呼咋呼（乱说话）

拖死驴子（拖延时间）

茄腔六调（不讲道理）

恣工耷嗤（不干脆）

板板六十四（循规蹈矩）

挖窟掏蛆、挖蛆捣鬼（善于钻营）

歪牙瘪爪（不成样子）

音长二五（拖拖拉拉）

拙口钝腮（不善辞令）

胡高花高（胡思乱想）

离三冒九（相差很大）

鬼打牛吹（说话不实在）

鬼混皮窜（不踏实、不认真）

盐潮卤拉、盐潮卤辣（返潮、潮湿）

眍眼瞪鸡（目瞪凶狠）

窄窄农农（不宽裕）

旅旅大趟（成群结队）

破狼失虎（破烂不堪）
索里索道（东一榔头西一棒）
倒郎磕叽（身体不健康）
哭声呜啦（又哭又说）
铳痴铳痴（行为鲁莽）
勒勒揹揹（优柔寡断）
掼天失地（甩这掼那）
聊不上屎（谈不上口）
惊鸡打雀（惊讶）
猴不狼形（坐了不该坐的位置）
情而不美（难为情）
随皮掉歪（调皮任性）
黑不溜秋（黑得难看）
揪嘴胖腮（不高兴）
落头潮鸡（一败涂地）
窝死缠绵（纠缠）
硬摘三六（逼迫办事）
散不拉渣、散不拉机（松散）
敞不掩怀（敞胸露怀）
焦叔伯心思（考虑多了）
痴猫守瞎窟（死等）
睬他二万（不予理睬）
瘟里不神（有话不说）
雷暴或闪（雷电交加）
疑里惑痛（产生怀疑）
疑三惑四（犹豫不定）
糖灰蹦蹦（粉尘弥漫）
横三十五（摆放不整齐）
醉没胡汤（歪歪扭扭）
嘴打嘴夯（光说不干）
瓢浇碗点（倾盆大雨）
翻尸倒骨（乱翻一通）
嚼蛆捣鬼（背后唠叨）
嚼白舌头（胡说八道）

谚语

农事

种田不上粪，等于瞎胡混。

庄稼一枝花，全靠肥当家。

大种绿肥草，粮食吃不了。

油拌沙，产量加，沙拌油，无处求（土壤）。

深耕一寸，等于上粪。

要粮堆成山，地需勤耕翻。

要有好收成，土地要冬耕。

人治水，水利人；人不治水，水害人。

锄草一遍顶窖肥，三遍锄头土变金。

九成熟十成收，十成开镰二成丢。

没土打不成墙，没苗收不成粮。

八十三场雨，三麦稳到手（八月、十月、三月下雨）。

莳里芝麻梅里豆，及时播种就多收。

清明早，立夏迟，谷雨之前正当时（春播）。

要想庄稼好，一年四季早（早种早收）。

春争日，夏争时，一年农事不宜迟。

种麦要丰收，不忘理墒沟。

芒种无青稞，三麦快收割。

稻上场，麦进仓，黄豆扛在肩膀上。

好种出好苗，孬种出青草。

好葫芦开好瓢，良种产量高。

有钱买种，无钱买苗。

种子年年选，产量节节高。

种田没有鬼，全靠粪和水。

林业

要想脱贫，植树造林。

植树造林，富国富民。

要走致富路，年年多植树。

家有百棵树，不愁吃和住。

育林不管林，白费一片心。

不要金，不要银，植树造林胜金银。

渔业

要知海上事，先问渔家人。

渔家要识潮，否则空捕捞。

初一十五早晚潮。

一十两头空，潮满顶天中。

初三潮十八水，二十又来追命鬼。

二十二三，潮不上滩。

一潮迟三刻，十潮迟到黑。

失一潮水一天；失一季潮水一年。

涨潮好进港，落潮好出船。

捕鱼赶潮汛，渔家拼老命。

这汛等那汛，船网卖干尽。

七不出，八不归，初九、一十往家飞。

打春十八潮，得胜往上瞧（捕凤尾鱼）。

船多不碍客，港多不碍路。

三天打鱼，两天晒网（护网）。

海甲钱划住篙，看你怎么捞。

船头一响，黄金万两。

三月梭蟹满壳黄，

十月螃蟹肥到爪。

四（鳃）鲈鱼四季肥。

鲫鱼吃头，米鱼吃腮，黄拔头难吃抛过街。

春钓浅滩，夏钓树阴，秋钓深潭，冬钓朝阳。

钓翁钓翁，莫钓南风。

春钓雨后早中晚，夏钓雨后时时欢。

秋天雨后钓中间，冬天雨后回家玩。

深潭钓边，浅水钓渊。雨季鱼靠边，撒粮莫撒远。

时令

打过春，赤脚奔。

有钱难买五月旱，六月连雨吃饱饭。

七九六十三，行路把衣单。

九九八十一，家里打饭外头吃。

冬夜长，夏夜短，冬至当天就交九。

当冷不冷，牛马不稳，当热不热，五谷不结。

到了时伏天，蓑衣斗篷不离肩。

三时尽，知了鸣，西南风，望天晴。

六月初六下场雨，翻晒龙衣四十天。

云浸中秋月，雨雪在二月。

大旱难逃五月十三。

重阳无雨看十三，十三无雨过寒干。

十月二十五，大小虫入土。

三十下雨初一晴，四十五天放光明。

惊蛰刮大风，冷到五月中。

春节前后雪满天，来年定是丰收年。

气象

早看东南，晚看西北（雨晴）。

响水湖雪景（2023年1月） 王诗豪摄

东虹风，西虹雨，南面有虹下大雨。

乌云接驾，不阴就下。

天上有了勾勾云，三天两日雨淋淋。

天上起了鲤鱼斑，明天晒谷不用翻。

早上浮云走，午后晒死狗。

春雾暖，夏雾热，秋雾凉风冬雾雪。

早霞不出门，晚霞行千里。

蛇过路，雨不住；牛舔脚，水汪汪。

天黄有雨，人黄有痨（病）。

夏夜星密，来日天热。

六月雾，鲤鱼上大路。

日出胭脂红，不雨就生风。

九九雪，沟沟裂。

雨前生毛没大雨，雨后生毛不晴天。

热极生风，闷极有雨。

春季东南风，十雨九不空。

春东风，雨咚咚；夏东风，井底空。

春季东风雨淋淋，夏季东风昼夜晴。

三天南风有一怪（变天），三天北风有一晒（晴天）

鸡早宿，好晒谷；鸡晚宿，有雨落。

鸡子迟上架，来日有雨下。

鸡子迟上窝，来日下雨多。

燕子飞得低，出门带蓑衣。

蛇上树，雨不住。

池塘鱼儿跃，大雨就要到。

蜻蜓飞屋檐，大雨在眼前。

天上泛红云，冰雹要来临。

歇后语

一刀割不断——连襟

和尚打伞——无法无天

飞机上吹笛子——高调

孔夫子搬家——少不了书

头发丝扣老虎——以理服人

四两棉花八张弓——细谈

外甥打灯笼——照旧

老太婆吃柿子——专拣软的捏

怀揣木梳——舒心

鸡蛋壳喝酒——蹲不下来

狗撵鸭子——呱呱叫

咸菜烧豆腐——有言在先

腊月心养的——动手动脚

脚脖扣铃铛——走到哪响到哪

三斤半鸭子二斤半嘴——说得多做得少

三十晚拾兔子——有它过年，无它也过年

三十晚看皇历——没日子

小辫扣秤砣——甩开悠

大麦糠搓绳——头难起

大姑娘缝尿布——早办

门缝看人——看扁了

乡下人卖磙子——没心打场

木屐改板凳——做人

王小开饭店——照客兑汤

六月心穿皮袄——难得人有

六指下馄饨——看人兑汤

宁倒酱缸不倒酱架——硬撑

阴天拖稻草——越拖越重

老鼠钻风箱——两头受气

老鼠窟倒拔蛇——大头在后面

孙女穿奶褂——老样子

苍蝇朝鼻眼拱——找嗤

床肚放风筝——飞不高

秃头虱子——明摆

狗逮老鼠——多管闲事

茶瓶煮饺子——有货倒不出

哑巴见他妈——有话也没话

心口挂钥匙——开心

巷口扛木头——直来直去

黄狼下老鼠——一代不如一代

兜豆找锅炒——没茬找茬

脚面支锅——一踢就倒

螄螺壳戴眼镜——多一层不如少一层

瞎子点灯——白费

擀面杖吹火——一窍不通

癞癞蛄爬秤盘里——自称自重

大炮打蚊子——大材小用

斗篷没边——顶好

回炉烧饼——不脆

老鼠拖锨柄——大头在后

庙门旗杆——独一根

鸭子不尿尿——各有各道道

麻袋装菱角——出尖

煨罐摸螺——十拿九稳

灶老爷上西天——好好好

罗汉请观音——客少主人多

石灵园（2020年10月）　　李守卓摄

9

名镇名人

响水镇人杰地灵，英才辈出。在这片神圣的土地上，既洒下了响水镇人民勤劳耕耘、建设家园的心血和汗水，也留下了老一辈无产阶级革命家张爱萍等人英勇战斗的足迹。战争岁月里，许多客籍新四军、八路军、解放军指战员抛头颅，洒热血，曾在这里战斗。许多响水镇儿女为民族的解放和中华人民共和国建设献出了宝贵的生命。这片热土上曾走出省委书记、劳模、科学家、作家、画家等优秀人才。

名人传略

李文广（1920—1944）

李文广，1920年出生，响水镇潘庄村人，革命烈士。他在襁褓之中父亲就离开了人世。祖父、母亲、姐姐三代人依靠祖上置下的几十亩碱滩薄地度日，母亲省吃俭用供他读私塾。1929年，李文广进入当地三岔小学读书。1935年秋，从家乡小学毕业后，考取张店中学（在今灌南县境内）。1939年3月1日，侵华日军占领响水口后，李文广所在的张店中学被迫解散。在当地进步人士的影响下，他积极投入抗日救亡活动。1939年6月，经地下党员徐禹民介绍，李文广加入中国共产党。1939年秋，李文广在潘庄村宣传抗日时遭伪军逮捕。因拒不悔过，遭受重刑。后经地下党组织多方营救，李文广得以出狱。出狱后，他继续进行抗日宣传活动。伪保长几次带人上门威胁李文广家属，1940年，敌人将他家房子全部烧掉。李文广将家属秘密地送到亲戚家中隐藏起来，自己在党组织的安排下，转移到上马台一带继续从事抗日活动。1941年秋，重建涟灌阜边区办事处，李文广担任办事处灌五区（今响水口一带）区委副书记，分管民运工作，其间，他发动群众，组织民运队同地主展开面对面的斗争。1942年5月，李文广被任命为滨海县一区区委书记，和区长吕恩覃一起领导全区人民进行反“扫荡”、反“伪化”斗争。在他们的努力下，区队迅速扩展到100多人。1944年春，李文广调到四区任区委副书记，和区委其他负责人一起，深入到佑东乡领导减租减息运动，组织领导贫苦农民与地主斗争，并当众宣布对大地主一律实行“二五减租”的规定。到7月底，佑东乡封建地主的统治势力被打垮，发展36名新党员；发动群众购置了14支枪，并动员一般地主和富农为乡里购置了10支枪，加强乡里的民兵力量。1944年10月，滨海县委将佑东乡的减租减息经验印发全县各区、乡，号召全县向李文广学习，把全县减租减息的运动推向新高潮。1944年8月，李文广和区委书记程群等带领工作队去滨海四区大广乡减租减息。17日晚饭后，工作队队员转移到地主王闾照家居住。天亮前，响水口之敌突然包围了工作队的住房。

敌人突然向房间里开枪，子弹打中李文广的胸腹部，他带着重伤跑出房间，伏在猪圈上阻击敌人，但由于伤势过重，不幸牺牲，时年24岁。李文广牺牲后，滨海县委在张集召开追悼大会，县政府决定，将滨海四区改为文广区，将大广小学改为文广小学。

孙石灵（1909—1956）

孙石灵，原名大珂，别名奇玉。1909年7月生，海州响水口（今响水镇灌河社区）人，知名作家。其曾祖、祖父、父亲均为塾师。孙石灵5岁入私塾，6岁转入新创国民小学，13岁时父亲病逝，家境贫寒，在其三叔孙筱山的资助下继续求学。1924年高小毕业，考入省立第八师范学校（校址在板浦）。其时社会黑暗，家境窘困，他曾作诗明志："山长水远迢迢路，地北天南处处家，有泪莫为贫困洒，留将和血溅黄沙。"1927年夏，学校因战乱停办，孙石灵回家在镇上当了半年多小学教员。1928年春，省立第八师范学校与第十一中学合并为东海中学，孙石灵进该校高中师范科学习，被选为学生会主席。秋后，学校取消学生供膳待遇，孙石灵组织学生闹学潮。后经惠浴宇介绍加入中国共产党，并受党委派参加国民党灌云县执委竞选，当选为执行委员。因家庭反对他参政，未去就职。1929年3月11日夜，在东海县城张贴宣传品时，被国民党当局逮捕，移送江苏高等法院。次年冬，被国民政府最高法院判刑6个月（实际入狱12个月）。孙石灵获释后，于1931年春，考入上海中国公学，并接上组织关系，任公学支部书记。九一八事变后被选为学生会主席。他组织公学学生赴京请求国民党停止内战，一致抗日。1932年，"一·二八"淞沪抗战后，孙石灵回乡在响水口初中任教；秋，进上海暨南大学就读，入学不久，即加入中国左翼作家联盟和社联，边读书，边进行创作活动。次年秋，经组织同意，只参加"左联"及其外围"中国诗歌会"活动，与社联脱离关系。1935年春，"左联"解散，失去组织关系。他就在上海创作，先后发表中篇小说《捕蝗者》，新诗《新谱小放牛》《菜花歌》，独幕剧《卖牛》《一杯牛奶》等。1935年夏，孙石灵从暨南大学外文系毕业。因成绩优异，获得金牌奖。受暨南大学文学院院长郑振铎、外文系主任陈麟瑞及教授龙榆生等赏识，留校任外文系助教。至次年秋，孙石灵先后创作《新歌的创作方法》、短篇小说《小立子的悲哀》、三幕喜剧《文凭》、论文《新日诗派》等。1937年，"八一三"淞沪抗战发生，上海沦陷，暨南大学迁入租界。孙石灵坚持创作，先后发表了独幕剧《我们放开恩怨》、五幕悲剧《当他梦醒的时候》、长篇鼓词《胜利前奏曲》，抒发人民抗日热情，揭露汪精卫叛国投敌的丑恶行径。1938年起，孙石灵主要写富于战斗性的杂文。1941年1月底，孙石灵到苏北泰州私立成达中学任教。当年暑假到苏北联抗部队主编《联抗报》。1943年春，回成达中学任教。1944年秋，孙石灵被选为紫石县第一届参议会参议员、驻委、大会秘书长。1945

年暑期，孙石灵出席苏中行政区人民代表会议，当选为出席延安解放区人民代表会议代表，随以黄逸峰为团长的苏北、皖南、皖北三行政区代表团前往延安，至河南商丘时，接中央通知会议停开而折回；冬，出席苏皖边区参议会，当选为驻委。1946年，由美国、中国共产党、中国国民党三方组成的军事调停组淮阴执行小组到苏中，孙石灵奉调至东台做翻译。1948年春，任海安工农中学副校长；冬，奉调任华中行政办事处教育处编审。1949年11月，任南通学院辅导主任；经苏北区党委批准，重新履行入党手续。1952年9月，调任上海《文艺月报》编委。次年9月，出席全国第二届文代会。1955年4月，调上海文艺出版社任副总编辑。由于长期在恶劣的环境中超负荷地创作而积劳成疾，于1956年4月1日，心脏病复发病逝，终年47岁。1958年，上海文艺出版社为悼念孙石灵，出版《石灵选集》，全书约40万字。

陈伟达（1916—1990）

陈伟达，1916年3月出生，灌云县响水口（今响水镇灌河社区）人。孩提时就读于响水口小学。稍长，辗转海州、涟水等学校完成中学学业。其时，已接受革命思想的熏陶。30年代初，陈伟达考取上海暨南大学，在上海读书期间，积极参加并领导学生运动和抗日救亡活动，是上海地区“一二·九”学生运动的领导人之一。1937年年初，加入中国共产党，曾任上海学生界救亡协会党、团委员。“八一三”淞沪抗战后，陈伟达受中共组织的派遣，赴南通任中共江北特委委员、如西县工委书记，恢复和发展党的组织，组织地方武装，为新四军东进创造条件。新四军到达如西后，陈伟达为建立巩固革命根据地，根据中央指示精神，按照“三三制”的原则，建立抗日统一战线组织——参议会。该项工作，曾在阜宁县单家港召开的华中局扩大会上，受到刘少奇的赞扬。1942年，抗日战争进入最艰苦的阶段，陈伟达任苏中四地委副书记。其时，日伪动用上万兵力，反复地进行灭绝人寰的“扫荡”“清乡”，国民党顽固派韩德勤也处心积虑制造反共摩擦。粟裕从苏中一、二、三、四分区各抽调一个排政治上坚定、富有作战经验的武工人员，组成政治保卫队，交由陈伟达统一指挥，专门对付特务、“清乡”重要人员。陈伟达率领这支“短枪队”潜入敌“清乡”圈内，惩治汉奸、特务，抓俘虏。一次，曾闯入三重步哨线，在天生港旅馆内击毙岔河大检问所主任凌月东，使敌惊呼“短枪队是天兵天将”。1945年年初，党组织调陈伟达任淞沪地委书记兼军分区政委。陈伟达把在苏中四分区反“扫荡”“清乡”斗争中的经验带到了苏南。在极其艰苦的条件下，陈伟达首先发展党的组织，壮大淞沪支队，支持上海地下党的革命斗争。领导淞沪支队逼近上海，迫敌投降。解放战争期间，陈伟达任华东野战军某师政治委员，他率部先后参加宿北、鲁南、莱芜、孟良崮、豫东、济南、淮海、渡江等重大战役。浙江解放后，陈伟达任宁波市军管会主任、地委书记，出色地领导了宁波地区的剿匪反霸、土地改革、恢复国民经济等工作。不久，奉调杭州，先后任杭州市委书记、浙江省委组织部部长、副省长、省委书记处书记等职。在任省委组织部部长期间，正确地执行党的组织路线和干部政策，加强干部队伍建设和党的组织建设。在分管全省工业经济工作期间，筹划、组织和指挥了一大批重点工程建设，为创造和发展浙江的冶金、电力、化工、机械、电子、轻纺等工业，倾注了心血，为浙江的工业基础建设作出了很大贡献。1972年恢复工作后，先后任浙江省委副书记、书记等职，在极困难的条件下，排除干扰，主持工作，亲自抓宁波港、石化、电力等重点工程建设。嗣后，调任天津市委第一书记兼天津警备区第一政委，主持天津市全面工作。在天津工作的6年间，领导了理论界的真理检验标准问题的讨论；平反冤假错案；坚持以经济建设为中心，调整经济结构，为天津改革开放打开了局面，参与引滦工程的决策和组织领导；在充分发挥老干部作用的同时，又培养、选拔了一批优秀中青年干部。后来，陈伟达奉调中央，任中央政法委员会副书记。他经常深入基层调查研究，使政法工作适应改革开放的新形势。曾先后当选为中共八大代表，中共第十一届、十二届中央委员，第五届、第六届全国人大代表。1990年3月18日，因病去世。

徐潜泰（1914—1995）

徐潜泰，1914年3月29日生，响水区潘庄村人。1933年12月参加革命。徐潜泰年轻时参加过共青团、“腊九社”、第五战区动委会、中华民族解放先锋队等进步组织。1939年4月，徐潜泰加入中国共产党，1939年4月至1947年4月，历任灌云县政治中队副中队长，灌云游击队队长，灌云县海二区区长、区委书记，滨海县政府秘书，淮阴两淮盐务总局人事科科长，淮北盐场中正圩总务所经理、支部书记，盐场北撤干部队队长、支部书记。1947年4月至1949年9月，任华东干部队指导员、华野七纵队后勤部财经特派员、财办接收新海连工作队支部书记、淮北盐场云台分局局长、两淮盐务特委组织部部长等职。1949年9月至1965年8月，任两淮盐务局人事处处长、华东盐务局盐警处副处长、上海财经学院财经专修班主任、国家计划委员会物资局办公室副主任、国家经委煤炭处副处长、城建部勘测局计划处处长、城建部劳资司计划处处长、建工部玻璃陶瓷局技术处处长。1965年8月，调任国家建材局南京玻璃纤维研究设计院副院长、革委会副主任、党委委员。1978年3月，任南京玻纤研究设计院副院长。1983年8月离职休养。离休后，被国家硅酸盐学会聘为荣誉会长，为社会主义建设发挥余热。1995年1月22日，在南京去世。

沈汉清（1922—2003）

沈汉清，1922年1月生，响水区苗寨村人。1940年6月，加入中国共产党。1940年8月，参加滨海大队革命武装。1941年1月，滨海大队整编为淮海军分区独立二团，沈汉清历任滨海大队政治指导员、独立二团除奸特派员、团教导员。1946年12月起，任淮海军分区政治部组织科副科长、科长。1948年10月起，历任第30军88师政治部组织科科长、第164团政治处主任、第263团副政治委员、干部部副部长。1951年3月，任第26军干部部军衔科科长、第76师炮兵团政委。1955年3月，到南京军事学院政治系学习。1957年4月毕业，分配至第26军，历任第26军33师炮兵团政委、第76师政治部主任、第25师副政治委员。1964年4月，转业地方工作，任山东省委工交办政治部副主任。1966年3月，在山东省“五七”干校劳动。1972年9月起，历任山东省人民防空办公室副主任、主任、党组书记、党组成员、顾问。1985年4月，离职休养。2003年9月14日，在山东济南去世。

史宏贵（1922—2004）

史宏贵，1922年7月生，灌云县响水口（今响水镇灌河社区）人，知名画师。北京科教电影制片厂画师，北京美术家协会会员。自幼酷爱美术。抗日战争时期参加新四军，从事战地宣传工作。中华人民共和国成立后被组织选送中央美术学院深造，亲聆国画大师徐悲鸿、齐白石、王式廓等人教诲，拜李苦禅、王雪涛为师，绘画技巧和美术理论水平飞跃提高。后赴抗美援朝前线主编《立功画刊》，创作大量反映部队战斗生活的书画作品，激发志愿军战士杀敌热情。回国后，先后在中国电影发行公司、北京幻灯制片厂、北京美术公司等单位从事美术创作。1960年，任北京科学教育电影制片厂画师。2004年8月，病逝。史宏贵在绘画艺术上继承传统，大胆创新，深入生活，卓然成家。精心钻研人物、山水、花鸟以及中西画技法，并以大笔写意著称；其作品笔墨淋漓，设色瑰丽，具有独特的风格、风貌和深厚的艺术造诣，深受国内外美术界人士和收藏家的喜爱。其创作的《群虾图》不失齐白石大师的精髓又独具动态美；纪录片《对虾》获第三届埃及亚历山大电影节银质奖；国画作品《大渡河》雄浑豪放，再现史诗般的壮阔场景；《高山鹰》苍劲有力，艺术地展示人民子弟兵的神武英姿。水墨写意花鸟画技巧精湛，形神兼备；同时精于书法，行、隶、楷皆通，沉雄朴茂，丰神潇洒，俊逸其外，遒劲其中。其作品在全国各大报刊发表，多次入选国内外展览并获好评。

史成章（1917—2014）

史成章，1917年8月生，灌云县响水口（今响水镇灌河社区）人。1926年，在响水小学读书。1932年，在响水私立中学上学。1935年，在上海浦东中学读高中。1937年，上海沦陷，回到响水从事革命活动，和徐禹民等人自费创办报纸《抗战三日刊》，后改为《响水报》。1939年3月，侵华日军占领响水口，和徐禹民等人在朱圩办起《动员报》。半年后，因形势紧张和经费短缺而停刊。1940年7月，加入中国共产党，并由党组织派往部队，任新四军苏皖淮海区六分区股长。1945年9月，任新四军淮阴独立团政委，参加解放淮阴战斗。1949年4月，参加渡江战役、上海战役，任解放军第30军政治部组织科科长；年末调北京，在中央军委情报总署、国防部装备部、国防部第五研究院工作，在国防部第五研究院工作期间，任五院干部处处长。1955年，被授予上校军衔（正师级）。1965年，任七机部干部部部长。1971年，任云南省六机局局长、书记。1979年，任航天部南京七机局局长、书记（正厅级）。1984年，离休。享受副省级待遇。2014年10月，在南京去世。

李春华（1925—2015）

李春华，1925年3月6日出生，响水区上兴村人，功勋军人。三级独立自由勋章、三级解放勋章、三级抗美援朝勋章获得者。1940年8—12月，任新四军第3师10旅3团团部宣传员；1941年，任新四军第3师8旅敌工培训班学员；1942年1—9月，任新四军第3师8旅税警大队特务连文化教员、副指导员；1942年10月—1946年9月，任盐阜区阜东县八滩小区政治指导员、涟东纵队六联防队政治指导员，大佑公司、海员工会政治指导员；1946年10月—1947年1月，任新四军第10纵队30旅卫生部支部书记，新四军第10纵队84团卫生部支部书记；1947年2月—1948年1月，任江苏省盐阜区独立团政治指导员；1948年2月—1949年2月，任华中指挥部特务团民运干事；1949年3—9月，任苏北军区教导团组织干事；1949年10月—1951年7月，任苏北军区妇训队政治指导员、苏北军区干部招待所政治指导员、苏北军区特务团直工股政治指导员；1951年8月—1958年2月，任志愿军第15军留守处党委委员、副主任，志愿军后勤一分部留守处、政治处党委委员、副主任，志愿军后勤五分部妇委会副主任；1958年3月—1959年12月，任锦州市宣传部整风办公室负责人、锦州市新华书店党委书记；1960年1月—1965年9月，任旅大市第二商业局总支书记、旅大市工商管理局总支书记；1965年10月—1988年3月，任教育部生产供应管理局办公室副主任、国家教委教育技术装备局办公室副主任；1988年4月，离休。2015年10月4日，在北京去世。

韩培信（1921—2017）

韩培信，1921年9月25日生，灌云县响水口（今响水镇灌河社区）人，江苏省委原书记。韩培信3个月时父亲去世，6岁时母亲去世，与姐姐相依为命，度过苦难的童年。青少年时期就接受进步思想，积极投身抗日救亡运动。1939年，参加工作，1940年8月，加入中国共产党。历任苏北涟灌阜边区办事处文书，阜宁县东北行署文书科科长，阜东县八滩区区长，振东区委书记兼区长，阜东县政府民政科科长、秘书，阜东县委宣传部副部长兼八滩区委书记、县委委员。1942年，侵华日军“大扫荡”期间，坚持斗争，被评为八滩区模范党员。1947年冬，任滨海县县长。1948年，组织民工支援淮海战役。1949年4月起，历任常熟县县长、县委书记，苏州专署专员、苏州地委副书记、苏州地委书记兼军分区第一政委等职。1957年12月起，历任中共江苏省委组织部副部长、省委副秘书长、省委农村工作部部长、省委代理秘书长、省委四清办主任。1970年，任冶山铁矿革委会负责人。1971年起，历任江苏省扬州地区革命委员会副主任，扬州地委副书记、书记。1975年10月起，任江苏省委常委，省革命委员会副主任。1977年10月，任轻工业部党组副书记、副部长。1980年，韩培信调回江苏，任江苏省代省长、省长。1981年，任江苏省委书记、省长。1983年3月—1989年12月，任江苏省委书记。1988年3月—1993年3月，任江苏省人大常委会党组书记、主任。1993年4月—1998年3月任八届全国政协常务委员。中共八大、十二大、十三大、十四大、十五大、十六大、十七大、十八大代表；中共十二届、十三届中央委员，第五届、第六届、第七届、第八届全国人大代表。2004年8月，离职休养。2017年1月15日，在南京去世。

梁捷纾

梁捷纾，1929年生，灌云县响水口（今响水镇西园社区）人。1949年冬，梁捷纾进入南京华东军政大学预科学习，1950年春预科结业进入本科。年底，分配到教导团，在高炮连当班长和见习排长。1952年年初，到学院给炮兵教授当助教。1954年，入北师大调干研究生班学习，毕业后分配至北京军委干校。1956年，军委干校转业，先后执教上海华东师范大学物理系、上海交通大学应用数学系及上海交大分校管理工程系等五所理工科大学，有多种译著、论著问世。1992年，在上海大学信息运筹研究室主任岗位上离休。

曹志英

曹志英，1940年8月生，灌云县响水口（今响水镇灌河社区）人。1960年，考取无锡轻工业学院，任院刊总编辑、学生会劳动卫生委员等职。1965年8月，到粮食部工作。1981年起，负责黑龙江鸡西、齐齐哈尔、鹤岗3座大型面粉厂和立筒库的工艺设计及西安胡家庙面粉厂的设计指导。1983年，任商业部科学研究院办公室主任，负责院科研与设计的计划工作及部下属17个所的协调工作，参与《中国商业年鉴》的编写并任编委。1985年8月，因健康原因休息两年。1987年，负责院情报工作，任院刊《商业科技开发》副主编。1991年，被评为商业部“三八红旗手”。1996年3月，退休。先后独立撰写近百篇学术论文发表在国内外学术杂志上。

张其昀

张其昀，1946年10月生，响东居委会响水镇人，语言学者。现为中国语言学会会员、中国训诂学会会员、韩国中国语文学研究会外籍会员。1983年，任盐城师范学院中文系教师。1996年，晋升为教授。1998年，调扬州大学讲授古代汉语、现代汉语、语言学概论、汉语文字学、汉语史等课程，教学融知识性、科学性于一体，深受学生喜爱。2000年，扬州大学开展全校首次优秀课堂教学质量评奖活动，获文学院唯一一等奖。著有《中国文字学史》《古代汉语》《“说文学”源流考略》《现代汉语同素词》《汉字学基础》。其中，《古代汉语》和《汉字学基础》

成为多所高校专业教材。在国内外多种学术刊物发表论文130多篇。

马祥彪

马祥彪，1950年4月生，响水镇响西居委会（今响水镇西园社区）人，知名书画家。中国艺术家协会书画研究会理事、世界名家书画院院士、中国书画艺术教育研究院会员。马祥彪自幼酷爱书法，受岳父季廷龙（江苏省书法家协会会员）影响，对隶书情有独钟，在河南省书法函授院隶书研修班和中国书法培训中心隶书研究班学习结业。临书大量古代经典汉碑、汉简、汉帛书，在传承古法的基础上立意创新，作品多次参加全国书画大赛并获奖，入编多部书画典籍，部分作品在中国香港、台湾等地区和新加坡、日本、韩国等国家展出，被中国国家博物馆收藏。

费加兵

费加兵，1963年5月生，响水镇响东居委会（今响水镇灌河社区）人，1982年8月入伍，1985年1月入党，硕士研究生，少将军衔。1978年7月毕业于响水中学。1982年7月毕业于南京工学院，获工学学士学位。2000年7月毕业于中国人民解放军装备指挥技术学院，获军事学硕士学位。历任中国人民解放军总装备部某基地司令部副处长、处长，试验技术部副总工程师，基地副参谋长、参谋长、司令员，中国卫星海上测控部主任，中国人民解放军总装备部司令部参谋长。现任战略支援部队航天系统部参谋长。长期从事航天远洋测控组织计划、指挥管理和科研工作，组织基地科研试验质量管理体系建设并通过GJB9001B-2009标准认证，圆满完成“神舟”号飞船、“嫦娥”系列卫星、“风云”系列卫星等80多次国家级重大科研试验任务。1987年、1995年荣立个人三等功各1次。2007年被人事部、国防科工委、国资委、总装备部、中国科学院联合表彰为首次月球探测工程突出贡献者。2008年被中国航天基金会授予中国航天基金奖。撰写的学位论文被评为首届全军优秀硕士研究生论文，获得军队科技成果二等奖2项、三等奖3项。合作编撰出版《航天测量船海上测控技术概论》，获得总装备部优秀教材一等奖。

恽逸群

恽逸群，原名钥勋，字长安，理论家、文化新闻学者、出版家。1905年1月24日生，江苏武进（今常州）人。1931年8月，中共武进县委遭到破坏。在顽固派的追捕下，常州地区地下党员纷纷被迫转移外地。经东海师范教师张云鹤介绍，原中共武进县委书记恽逸群、刘寒枫（恽逸群的妻子）等人秘密来到响水口，以教师职业为掩护，在任教的响水口私立中学、响水口小学积极宣传革命活动，并组织发起成立“新潮社”，以学术活动的名义，联系进步师生和家长集会，宣传革命道理，传播革命火种，揭露顽固派罪恶。组织进步师生书写张贴标语，散发革命传单，鼓动工农起来斗争。1932年8月，恽逸群来到上海，进入新声通讯社任记者，从事新闻出版工作。

缪谷稔

缪谷稔，1905年出生，又名青裳，化名李念慈、陈一鸣。江阴申港缪家旬人。保管中央文库“有功的人员”。1927年春，加入中国共产党。1931年8月，他随恽逸群、顾修、刘寒枫、高大成、安其生等进步人士先后到苏北响水口，以教师身份为掩护，在其任教的响水口私立中学、响水口小学，积极进行革命活动，并成立了以顾修为首的“尾巴社”，以恽逸群为首的“新潮社”。这两个社团公开名义是搞学术活动，实际上是组织秘密联络和团结进步学生。他们经常秘密召开进步师生和家长会议。宣传革命道理，传播革命思想，揭露国民党顽固派罪恶和中国社会的黑暗情况。组织进步师生张贴标语，散发传单，宣传党的土地革命方针、政策，鼓动工农起来斗争。年底，响水地下党利用响水口私立中学一周年校庆之际发动学生进一步开展反帝反封建运动，大会高呼口号，高唱《抗日歌》，张贴“坚决拥护苏维埃政权”“打倒日本帝国主义”等标语，组织学生上街示威游行，捣毁部分卖日货商店，由于其在校庆活动中身份过于暴露，引起灌云县反动当局的注意。1932年

6月，因叛徒告密，缪谷稔被灌云警察局逮捕。交保获释后经恽逸群介绍，前往上海市商会函授学校工作。

张爱萍

张爱萍，原名张端绪，1910年1月9日生，四川达县人。无产阶级革命家、军事家，国务院原副总理，原国务委员兼国防部部长。1928年，加入中国共产党。1943年春，伪独立第11旅旅长兼伪淮海省剿匪第四支队司令徐继泰率部配合日军扫荡盐阜根据地，并不断“蚕食”阜东等地。新四军第3师决定：乘日伪军西调之际，集中主力第22团、24团，滨海、涟东、阜东、阜宁等县总队和8旅特务营共4000人，在张爱萍的指挥下，于9月20日，开始对灌河以南地区伪徐继泰部实行讨伐行动。他运用灵活多样的作战样式，历时4天，领导军民取得小尖战斗、李油坊战斗、三套战斗、百禄沟战斗、杨家桥战斗胜利。11月，张爱萍率部指挥攻打响水口，取得响水口战斗胜利。一系列战斗有力地粉碎了日伪军的大“扫荡”。1944年4月8日，新四军第3师8旅24团1营、2营分别歼灭位于响水口东陈家港西的新湾、马家沟的敌人。5月2日晚，张爱萍和张天云率8旅22团、24团、7旅19团及滨海、阜东、涟水县部队对陈家港、大源盐场、庆日新盐场之日伪军实施战役分割包围。3日4时，陈家港被新四军攻克。7月10日，张爱萍为此次战斗的胜利赋词一首《南乡子·解放家港》。9月，张爱萍率部转战在徐州以南、津浦路东西的广大战场。

吴　强

吴强，原名汪大同，曾名汪藻香，亦名吴蔷，1910年2月17日生，涟水县高沟镇人。知名作家、《红日》作者。1930年4月，因参加反对省教育厅厅长周佛海的学潮被开除，后到响水口小学任教。5月，吴强和共产党员孙存楼、孙海光一起发动学生闹学潮，揭露国民党丑恶行径。同时，找国民党县党部常委丁国清算账，丁国清闻风而逃。愤怒的师生砸坏了丁国清家的窗户、揭掉了他家的房瓦。国民党灌云县党部怀疑此事件由共产党秘密策划，派人前来侦查。最后开除了地下党员、教师吴强、吴继坤，逮捕了一些进步教师。这次学潮历经十余天，在当地造成了极大的影响。

江一真

江一真，1915年3月29日生，福建省连城县庙前镇人。1946年，江一真随陈毅、张鼎丞、邓子恢前往华东前线做党政工作。1946年7月，江一真任滨海县总队副政委，8月，任中共滨海县委副书记兼县委组织部部长。

1946年9月，响水区的上兴、下兴，双港区的康渡等村发生800多人的反革命武装暴动，杀害干部，捆绑镇长，预谋攻占县政府。双港区的昌义、昌盛、昌兴等10个村亦发生反革命武装暴动。在此前后，全县境内发生大小反革命暴动11起，涉及6个区30多个村。甚至有部分党员、干部、民兵受坏人蛊惑参加暴动。暴徒杀人越货，抢劫银行，极为猖獗。江一真率领县总队，配合分区特务团、新兵连等，对反革命武装暴动进行坚决镇压，对被抓获的暴动主犯执行枪决，对一些受蒙蔽的人员进行教育和处理，由于广泛发动群众，很快制止了暴乱。江一真在土改工作中，让农民分得合理的土地，为农民发放土地证的做法，受到农民的拥护和华中分局的肯定表扬，其经验在整个华中地区推广。1947年5月，国民党军44师和徐继泰一、三支队向滨海进犯，气焰十分嚣张，企图占领县政府所在地响水口，江一真紧急动员滨海军民，投入反"清剿"斗争。江一真和县委、总队领导一起，指挥武装反击，发动群众开展割"小耳朵"（奸细）活动，割掉敌人安插在滨海地区的"小耳朵"70多个，粉碎敌人阴谋。淮海战役打响和战线延伸，动员参军和支前任务非常繁重。1948年春，江一真和县委领导紧急动员，向部队输送1600多名兵员，超额完成目标任务。在解放涟水战斗中，全县动员400副担架、600辆小车支前。淮海战役打响后，滨海县的支前工作受到上级表扬。1948年10月，江一真奉调华中工委工作。

俞铭璜

俞铭璜，生于1916年，江苏如皋鲍家场人，以其笔名萃仓、颇之、丁大年、萧山枝等在文艺理论界闻名遐迩。1937年12月，上海国民歌咏救亡协会宣传第二队的陈飞、冯国柱等11人与如皋话剧团的吴建、许家屯、俞铭璜等21人到盐城汇合，拟北上延安。途经阜宁到达响水口，受到徐禹民和方立凡表兄弟等进步青年的热情挽留，并将这些同志分散到各村和地方青年一起做抗日宣传工作。歌咏队在当地演出话剧《放下你的鞭子》《打回老家去》以及演唱《流亡三部曲》中的《在松花江上》《大刀向鬼子们的头上砍去》等抗日戏剧和歌曲，宣传抗日救亡道理，受到响水地区人民热烈欢迎。后吴建、陈飞、冯国柱、俞铭璜等留在响水口、上马台、汤沟、板浦、陡沟一带开展抗日救亡宣传工作，其他人员继续北上。

吴　建

吴建，原名吴安顺，曾用名郑君，1918年出生，江苏镇江人。1937年12月，上海国民救亡歌咏协会宣传团第二队的冯国柱、陈飞等11人，与如皋话剧团的吴建、许家屯等人在盐城汇合后，仍用上海国民救亡歌咏协会宣传团第二队的名称，由吴建、冯国柱任正副队长，继续北上。12月底，到达响水口，应热血青年徐禹民、史成章、方立凡等人挽留，与他们一起搞抗日活动。吴建带领歌咏队在当地演出了话剧《放下你的鞭子》《打回老家去》，演唱《流亡三部曲》中的《在松花江上》等抗日歌曲，并分组深入乡村宣传抗日救亡，有效地推动了灌云县响水地区抗日救亡运动的兴起。1938年年初，吴建与史成章、徐潜泰及从延安学习回来的沙衡及从阜宁赶来的周特夫、灌云的冯化农等，一起开展抗日救亡斗争，运用教唱歌曲、演戏等形式，宣传抗日救亡道理，并积极筹备建立敌后抗日武装。 1938年夏，吴建参加中华民族解放先锋队。同年秋，吴建在灌云县光荣加入中国共产党。不久，担任中共江苏灌云县委组织部部长。

许德胜，男，1923年生，响水镇响中居委会人。1941年，参加革命，第三野战军特种纵队268团副排长。1949年4月，在安徽芜湖因战牺牲。

孙维树，男，1928年生，响水镇南园村人。1947年，参加革命，第85师战士。1949年5月，在小营房战斗中牺牲。

张志标，男，1929年生，响水镇南园村人。1949年2月，参加革命，志愿军第22军4旅战士。1950年6月，在朝鲜下水源因战牺牲。

韩培云，男，1923年生，响水镇向阳居委会人。1944年，参加革命，志愿军第33军99师战士。1950年，在朝鲜因战牺牲。

钱小三，男，1927年生，响水镇向阳居委会人。1947年，参加革命，华东野战军第12纵队34旅100团战士。1950年，在云南因战牺牲。

杨安田，男，1925年生，响水镇响东居委会人。1944年11月，参加革命，第25师343团1连副连长。1952年，在朝鲜因战牺牲。

张锦松，男，1971年8月生，响水镇响东居委人，高中文化，共青团员。1992年2月，被解放军总政治部批准为革命烈士。

吕小鸭，男，1920年生，响水区三家村人。1942年3月，参加革命，新四军某部战士。1942年3月，在张集月港因战牺牲。

张永志，男，1918年生，响水区洪圩村人，联防队队员。1943年，在灌南县西子河战斗中牺牲。

郭余功，男，1926年生，响水区洪圩村人。第34军102师战士。1947年，因战牺牲。

李如干，男，1929年3月生，响水区洪圩村人。1946年10月，参加革命，第34军102师战士。1947年，因战牺牲。

夏友文，男，1921年11月生，响水区洪圩村人。1943年7月，参加革命，第35军103师战士。1948年，因战牺牲。

潘美康，男，1922年生，响水区洪圩村人。1944年12月，参加革命，第102师战士。1948年，在黑龙江因战牺牲。

董文才，男，1921年8月生，响水区洪圩村人。1940年10月，参加革命，志愿军第102师营长。1952年，在朝鲜因战牺牲。

陆永祥，男，1929年生，响水区洪圩村人，1941年2月，参加革命，新四军某部战士，失踪。1958年，追认为烈士。

高同玉，男，1953年4月生，响水区三家村人。1971年1月，参加革命，第3806部队160军舰班长。1978年3月，在广东湛江因公牺牲。

宋学之，男，1922年生，响水区东园村人。1942年4月，参加革命，新四军第3师8旅24团1营1连战士。1943年9月，在康庄条冲因战牺牲。

王玉根，男，1925年生，响水区东园村人。1942年，参加革命，新四军某部战士。1947年，因战牺牲。

吴波，男，1927年10月生，响水区东园村人，1949年5月，参加革命，志愿军第27军81师242团2营6连战士。1950年10月，在朝鲜因战牺牲。

周增喜，男，1926年生，响水镇响西居委会人。1948年，参加革命，志愿军第26军77师230团2营战士。1950年，在朝鲜因战牺牲。

殷洪田，男，1928年6月生，响水镇南园村人。1949年5月，参加革命，第3野战军第99师295团3营8连战士。1951年5月，在朝鲜德川江因战牺牲。

高武，男，1904年生，响水镇响西居委会人。1939年，参加革命，第30军88师战士。1940年2月，在上海因战牺牲。

施开壮，男，1921年4月生，响水区小浦村人。1940年，参加革命，新四军第3师8旅战士。1943年9月，在灌南潘园因战牺牲。

施开点，男，1916年2月生，响水区小浦村人。1946年4月，参加革命，第12纵队特务团2营班长。1946年8月，在大丰县白驹战斗中牺牲。

周俊标，男，1921年4月生，响水区小浦村人。1946年，参加革命，新四军某部战士，失踪军人。

欧中力，男，1926年5月生，响水区小浦村人。1946年，参加革命，第21军62师185团教导队班长。1949年1月，在徐州因战牺牲。

伏庆文，男，1923年4月生，响水区小浦村人。1950年，参加革命，响水武装干事。1957年，在修建东园村三洪大闸时因公牺牲。

董发银，男，1922年生，响水区小浦村人。1944年，参加革命，新四军某部战士，失踪。1958年10月，追认为烈士。

王得功，男，1923年3月生，响水区苗寨村人。1940年10月，参加革命，新四军第3师9旅27团1营1连班长。1943年12月，在灌南小盘因战牺牲。

王凤祥，男，1923年8月生，响水区苗寨村人。1946年9月，参加革命，华东野战军第

2纵队5师13团1营2连战士。1947年8月，在山东南麻因战牺牲。

王卫标，男，1922年生，响水区苗寨村人。1946年9月，参加革命，华东野战军第2纵5师13团1营1连战士。1947年9月，在山东诸城因战牺牲。

王卫国，男，1921年生，响水区苗寨村人。1946年10月，参加革命，华东野战军第12纵队36旅战士。1947年12月，在盐城伍佑战斗中牺牲。

陈玉贵，男，1918年生，响水区苗寨村人。1946年2月，参加革命，华东野战军第2纵队5师14团3营8连副班长。1947年，在山东红山因战牺牲。

孙秀兵，男，1921年6月生，响水区苗寨村人。1946年9月，参加革命，华东野战军第2纵队5师13团1营1连战士。1947年，在山东诸城因战牺牲。

张正标，男，1927年4月生，响水区苗寨村人。1945年9月，参加革命，新四军某部战士。1950年，在朝鲜战场失踪。

王改明，男，1928年6月生，响水区苗寨村人。1944年，参加革命，志愿军第38军警卫连战士。1951年2月，在朝鲜因战牺牲。

蒋玉良，男，1921年生，响水区潘庄村人，联防队队员。1940年2月，在响水县三岔汪战斗牺牲。

管大佐，男，1925年生，响水区潘庄村人。1941年，参加革命，新四军某部战士。1942年，在郑潭口因战牺牲。

于永达，男，1916年生，响水区潘庄村人，民兵。1946年4月，在响水因战牺牲。

李鹤松，男，1929年生，响水区潘庄村人，联防队队员。1946年8月，在周集战斗牺牲。

朱广祝，男，1920年生，响水区潘庄村人。1941年4月，参加革命，灌云县大队战士。1946年，在宿迁马陵山因战牺牲。

王亚来，男，1917年生，响水区潘庄村人。1943年，参加革命，新四军某部文化教员，失踪。1958年，追认为烈士。

李珍贵，男，1908年生，响水区上兴村人。1941年10月，参加革命，新四军第3师21团班长。1942年，在兴化县蒋盈战斗中牺牲。

孙士江，男，1917年生，响水区上兴村人。1941年10月，参加革命，射阳县潘湾区区大队排长。1942年，在射阳县潘湾战斗中牺牲。

姜根红，男，1922年生，响水区上兴村人。1946年，参加革命，涟水县总队战士。1948年6月，在涟水因战牺牲。

王耀顺，男，1918年出生，响水区上兴村人。1949年3月，参加革命，第10兵团机要科战士。1949年，在福建厦门因战牺牲。

姜根珠，男，1922年生，响水区上兴村人。1941年，参加革命，新四军某部战士，失踪。1958年10月，追认为烈士。

大事记

明

嘉靖三十四年（1555）

倭寇由淮河向内地侵犯，均由云梯关河口进出。明政府在云梯关筑土城五座，设大河卫，驻兵防守。

清

康熙三十五年（1696）

河道总督董安国在薛套建拦黄坝，又开挖马港引河，导黄淮之水，由马港河流经南潮河入海。

乾隆五十年（1785）

境内大旱，田禾无收。次年春，人相食。夏，又遇大疫，民不聊生。

咸丰元年（1851）

太平军攻克南京、镇江、扬州等地，切断清政府水路，外地客商从海外沿灌河至响水口，大批货物经响水口中转，响水成为商市。

同治十一年（1872）

境内出现麦秀五穗。十一月获一大鸟，身长三尺余，黑羽长喙猿头。十二月初五，大雨雪，海啸，大水灾。

光绪二十四年（1898）

六月二十二日　响水口、龚集、张集、黄圩等地普降冰雹，最大的冰雹有数斤重。

光绪二十八年（1902）

响水口设邮务信柜。

光绪三十二年（1906）

五月十七日　响水口、小尖、张集、龚集、六套等地普降冰雹，一般的有鸡蛋大，大的甚至有碗口大。树皮被砸光，积雹七天七夜未化尽。

中华民国

1912年

响水口设置邮政代办所。

1913年

成立响水市。

1916年

响水口设渔盐稽核处。

1921年

响水成立商会，会长张明鲜。

1922年

响水口设电报支局。

1927年

响水口贸易兴盛。至1937年，美国、英国、日本、德国、意大利、葡萄牙、荷兰7国商船，来往于响水港。“春江”“母佑”“享太”“万民”“元顺号”等大轮船经常停泊，最大吨级为7000吨，出口物资有大米、杂粮、棉花、面粉、白果等农副产品。

1929年

秋　实行区乡制。响水市改为灌云县第五区。

1930年

1月　在上马台（今灌南县境内）成立中共响水区委员会，孙希伯任书记。区委下辖响水口、大怀兴庄、胡三合庄、三口4个地下党支部。

秋　在响水口天后宫创建灌云县响水私立中学，该校为县境第一所中学，第一任校长汪南雅，第二任校长蔡从宣，第三任校长吴承翰。1935年停办。

1931年

5月　中共响水区委，发动码头工人、农民、士兵、学生300余人，在响水口商店检查洋货。

国民党政府修筑响水口至东坎的响坎汽车公路。响水口丁庆生，从沪购回旧客车1辆，从事私人营运，行驶于响水、百禄、大新集之间，有时也开往淮阴和新浦，是响水口汽车营运史上的开端。

张芳如以商会会长的身份到各商号、代理行筹集资金，在民便河西，建造3000吨级泊位轮船码头1座和可容纳上千人活动的红瓦房客栈1幢，并在民便河上新建1座木质大桥（响水口北大桥）。

1933年

响水口邮政代办所改为三等邮局。

灌云县孙笃生在板浦开办连云港长途汽车公司，营运路线由板浦经响水口至东坎。

1936年

春　响水口先后成立中国银行、农业银行、江苏银行、上海银行的分支机构，经办存放款业务。

1937年

7月　灌云县第五区徐禹民、方立凡等进步青年组建灌云县第五区民众抗日总动员委员会。

秋，史成章由上海回到响水，自费创办《抗战三日刊》小报。

12月　上海国民救亡歌咏协会宣传团第二队冯国柱等21人，北上延安经响水，到街上演讲、教唱歌，宣传抗日救亡。后吴安顺、冯国柱、陈飞等部分人员留下，并创办《响水报》，一个多月后停刊。

1938年

春　响水地区进步青年以国民党组织名义，建立抗日救亡组织第五区战区抗日动委会灌云县动委员会五区分会。

夏　成立青年救国团体——灌云县青年救亡工作团。

秋　响水抗日救国团在响水口和三坌成立，孙笃生任团长。

1939年

3月1日　侵华日军第5师团第21联队从灌河口登陆，占领陈家港、响水口。

3月26日（农历二月初六）　侵华日军由响水口突袭六套街（阜宁县第11区区公所所在地），残酷杀害民众108人，这是侵华日军在响水境内制造的第一大惨案——“二六”惨案。

6月　中共灌云县委书记余耀海，指示徐禹民在五区（响水口）建立了恢复时期的第一个基层党组织——中共灌云县毕圩支部。

7月　成立中共灌云县五区委员会。

1943年

11月7日　新四军第3师副师长兼8旅旅长张爱萍率22团、24团及滨海、涟东地方武装攻打响水口。一部于午夜冲入响水口西街，解决了关帝庙中的伪保安1团独立中队，另一部攻克响水口附近三岔口据点，8日2时战斗结束。

1945年

9月19日　新四军4师30团，攻打响水口徐继泰部，响水口第一次获得解放。县委、县政府机关从农村迁往响水口。

10月　重新建立响水市和陈港市。

11月10日　成立响水市码头工会。

1946年

6月　撤销响水市并入响水区。

△　联合国救济公署用6000吨级“万民”“普救”货轮，3次运送救灾物资到响水口，由滨海县政府和响水区负责接待装卸（主要是面粉）。

9月　19日，国民党顽固派大举进攻华中解放区，急需大批民夫支前，响水地区部分反动地主、恶霸、兵痞流氓和混进我干部队伍中的坏人及动摇分子，趁机煽动“抗夫”，进行武装暴动，绑架、杀害共产党干部，史称“抗夫暴动”。响水区的上兴、下兴，双港区的康渡等地，发生800多人的反革命暴动，杀害县抽调干部胡芬萍、高炳成，预谋攻打响水口滨海县政府。20日，双港区昌义、昌盛、昌兴等10个村发生反革命暴动，抢劫华中银行华中币28万元。26日，双港区、响水区召开公审大会，公审反革命暴乱头目余小二、张五、钱振东、钱振西、童玉乔，五犯被处决。

11月底　县委、县政府机关撤离响水口，转移到老舍的戈庄、刘庄一带。

1947年

1月8日　撤销文广区，并入响水区。

5月　徐继泰部在国民党第44师掩护下，占领响水口。

1948年

4月6日　滨海县地方武装配合主力部队，下午1时攻克响水口。重创国民党徐继泰部盐警第6大队。俘虏第6大队大队长汤其西，中队长刘景顺、王天锐、吕桓、吴同仁等官兵600余人。

12月　县委、县政府及其党、政、军机关移驻响水口。

1949年

5月　响水口下兴庄籍国民党第123军334师少将师长徐继泰在上海真如镇赵家角战地被缉获。

中华人民共和国

1949年

10月3日　机关干部和响水口居民及各界人士数千人热烈庆祝中华人民共和国成立。

1951年

3月　响水区开展废除野灶，杜绝私人烧盐活动。

7月　响水区开展镇压“反革命”活动。

1952年

4月　科长、局长以上干部开展“反贪污、反浪费、反官僚主义”为内容的“三反”运动。工商界开展“五反”运动（反对行贿，反对偷税漏税，反对盗窃国家财产，反对偷工减料，反对盗窃经济情报）。

1953年

3月　响水区宣传实施《中华人民共和国婚姻法》。

7月　响水区境内传播“毛人水怪”谣言，群众生产生活受到严重影响。

1955年

10月　响水镇实行粮食定量供应，平均供应水平12.4千克成品粮，按户发放粮食供应证。

1956年

2月　响水、黄圩2个区合并为响水区，辖13个乡1个镇，区政府驻响水镇。

6月　响水区遭受暴风、冰雹袭击，农作物受损严重。

1957年

8月15日　区乡合并，响水区辖响水、黄圩、周集、小尖等5个乡。

11月　响水至东坎直达班车开通。

1958年

10月　响水区改为响水跃进人民公社。

1959年

3月　响水跃进人民公社改为响水人民公社。

1960年

4月23日　省人委决定，将原属滨海县的响水、周集2个公社划归灌南县管辖。

10月　响水人民公社农村开展“反贪污、反盗窃、反官僚主义”的“新三反”运动。

境内新建造纸厂，厂址在西大街。

1962年

1月11日　响水人民公社农村核算单位由大队为基本核算单位改为以小队为核算单位。

5月　境内旱情严重，180多天累计降雨量24.5毫米。

10月　经省人委批准，成立响水镇。

响水镇新建电厂，投产1台40千瓦柴油发电机组，供响水中学和响水镇部分单位和居民照明用电。

1963年

1月　响水镇、响水人民公社开展增产节约和“五反”运动（反贪污盗窃、反投机倒把、反官僚主义、反分散主义、反铺张浪费）。

△　响水镇展开面上社会主义教育运动，公社、大队、小队干部“查上当”“放包袱”“洗手洗澡”。

5月　境内普降暴雨，降雨量120毫米以上，农田受涝严重。

1964年

1月10日　响水镇开展阶级教育，各单位开展“忆苦思甜”活动。

4月　响水人民公社开展农业学大赛，学习董加耕、争当“五好生产队”“五好干部”“五好社员”活动。

8月5—11日　境内平均降雨475毫米，积水一般15—18厘米，深的66厘米。

1965年

4月　响水人民公社实行地区粮食大包干政策，“定产、定购、定销”，一定三年不变。

9月　经省人委批准，灌南县的响水、周集2个公社和响水镇划归滨海县管辖。

1966年

5月14日　省人委170号文件批复，响水人民公社改为响南人民公社。

冬　民便河闸开工。

1967年

5月7日　响水县城新建的人民桥竣工，晚8时许突然倒塌，无人员伤亡。

6月27日　响水电厂投产，供县直机关、响水镇、响南公社照明和县粮油加工厂、棉织厂、水塔等动力用电，原响水镇40千瓦柴油发电机组停止发电。

1968年

5月　响水镇成立革命委员会。

1969年

2月　境内出现最低气温-17℃。

5月　境内遭狂风暴雨袭击，并伴有冰雹，阵风8级以上，最大的雹粒有半斤以上。

1971年

4月　响水镇成立镇党委会。

6月9—21日　境内连续下雨12天，雨量达750毫米，已收割麦子在场上霉烂，未收割麦子在地里发芽。

1973年

12月　响灌路铺设沥青路面长2.1千米。

1974年

6月17日　境内持续3小时遭受8—10级大风袭击，部分地区降暴雨和冰雹。

1976年

7月28日　境内凌晨2点50分发生2—3级地震，持续2分半钟。

响水镇新建向阳中学。

1977年

12月9日　境内县制线厂发生火灾，10间厂房全部烧光，损失约15万元。

1978年

6月26日　下午3时左右，灌河发现大鱼群，随落潮返回大海。

1981年

4月　镇革命委员会改为镇管理委员会。

9月4日　境内受14号台风影响，灌河水位超历史最高水位，真高达4.08米。

1982年

7月　响水开通至扬州班车。

1983年

4月1日　响水开通直达无锡班车。

5月23日　公社、大队、生产队改为乡、村、组建置。

7月18—21日　境内降雨量276毫米，农作物普遍受灾，县日杂公司、百货公司仓库进水。

9月　境内实行家庭联产承包责任制。

幸福路兴建小商品市场，计176间、1071平方米。

成立镇经济管理委员会。

1984年

5月28日　境内遭大风、暴雨和冰雹袭击，农作物受损严重。

1985年

8月18日　撤销镇经济管理委员会。

境内东方红大街沥青路面全线铺成，东连204国道，西接响灌公路，全长625米、宽9米。

1986年

12月3日　幸福北路农贸市场交付使用，占地面积2000平方米。

1987年

9月15日　响水幸福院举行老人入院典礼，首批14名孤寡老人搬进新居。

9月25日　举行灌河大桥通车典礼。江苏省委书记韩培信、江苏省原省长惠浴宇参加典礼。

1988年

3月12日　省政府在南京召开命名“明星企业”“乡镇企业家”大会。响水镇（原响南乡）自行车配件厂厂长陈学友被命名为“乡镇企业家”。

5月20日　省长顾秀莲一行在响水镇自行车中轴厂视察，盐城市委书记金基鹏陪同。

1989年

1月14日　境内自动电话开通。

5月23日　新长途汽车站主体工程竣工。

8月23—24日　响水港千吨级码头工程通过部、省、市、县联合验收。

1990年

3月6日　响水港3000吨级码头二期工程举行开工典礼。

3月18日　原籍响水县的原中顾委委员、中央政法委员会副书记陈伟达病逝，终年74岁。

8月31日—9月2日　境内遭受15号强台风袭击，并伴有大雨，农作物受损严重。

11月22日　原中顾委委员项南在江苏省原副省长陈克天、原省科委主任王政陪同下在响水视察，参观县麻纺厂、响水港码头、灌河大桥。

1991年

5月6日　国家计委、交通部等单位组织24名水利专家，包括以澳大利亚约翰逊为代表的7名外国水利专家在响水考察灌河。

1992年

5月11日—7月8日　境内共降雨35.9毫米，比大旱的1978年同期还少96.8毫米，日照时数达530.6小时，蒸发量410毫米，10厘米土壤湿度在5%左右，灌河水含量达4‰。

10月5—6日　原国家广播电视部老年书画协会副会长、国画家史宏贵在响水县文化馆举行个人画展。

10月16日　响水县首家乡镇企业——响南化工厂与台商丁明生合资兴办的盐城托尔伯生化工有限公司在响水开业。

1994年

7月1日　响水县娜爱斯保健用品厂生产的fwc-2型矿泉浴剂在全国技术与产品博览会上获金奖。

9月22日　省委书记陈焕友率考察组一行20人在响水考察灌河。

1995年

8月17日　响水县城幸福北路改造工程指挥部成立。9月30日，工程拆迁工作结束，拆迁总面积7243.57平方米。

11月21日　江苏省政府研究室副主任张锋在响水中轴厂、自行车配件厂调研乡镇企业发展情况。

1996年

2月28日　响水镇全面实施农民负担监督卡制度，以加强农民负担规范化、法制化管理，防止农民负担不公、加重农民负担行为的发生。

3月14日　江苏省委副书记许仲林在响水考察中轴厂、通榆河工程响水段、县制药厂等。

1997年

1月7日　响水镇政府发布通告，在全镇范围内开展破除迷信专项治理活动。

5月29日　水利部外经司司长于永鉴一行在响水视察通榆河船闸段征地拆迁和河道工程。

10月19日　响水镇举行振兴经济联谊会暨八项工程庆典活动。盐城市委常委计高成、响水县委书记徐恒菊等领导分别讲话。会后，市 、县领导和客商参加迴南商厦竣工、响水镇第四小学教学楼竣工、智华中学教学楼奠基等八项工程庆典仪式。

11月25日　响水冬棚蔬菜生产工作会议在响水镇召开。

12月31日　响水镇在长江路举行建筑工程竣工典礼暨首届元旦商品交易会开幕式。

1998年

2月13—15日　日本株式西杰总业董事长清水漂萍在响水镇考察。

5月29日　通榆河响水枢纽（由响水船闸、双园路大桥、船闸引航道三部分组成）征地拆迁工作通过省、市验收。

6月29日晚至30日凌晨　境内遭受特大暴雨袭击，雨量达94.9毫米。

7月15日　黄海路工程全面竣工，道路达到“五化”（硬化、亮化、分隔化、绿化、无杆化）要求。

10月28日　响水县城部分道路保洁权拍卖敲响第一锤，这是响水县城环卫管理方式改革的重大举措，在全市属首家。

11月8日　香港智华基金有限公司董事长林高演一行在省委统战部副部长戴镇基等人的陪同下，参加智华中学教学楼落成典礼。

12月31日　响水县举行黄海路改造、灌河路扩建、双园路亮化、教师进修学校校园建设和石灵园孙石灵塑像工程竣工剪彩仪式。

1999年

7月16日　响水镇电价实行城乡同网同价。

8月16日　通榆河重点枢纽工程响水船闸水下工程通过省级验收。

9月30日　百鹤园、回春园举行开园仪式。

12月28日　响水镇城乡广电光缆传输网开通。

响南村被评为盐城市文明村，东园小区被评为盐城市文明小区。

2000年

3月19日　日产5万吨地面水厂项目可行性报告通过市级评审。

8月30日　响水镇遭遇特大暴雨，24小时降雨量达813毫米，响水县城普遍积水80厘米左右。22时，苗寨村通榆河堤决口，县城积水猛涨，至31日凌晨1时许，积水达1.4米。

11月1日　响水镇开始第五次人口普查入户登记工作。

响南村被评为江苏省文明村。

2001年

1月30日　响水镇引资2500万元开发县城滨江路。

5月28日　响水镇举行盐城融凡制衣有限公司开业庆典。

6月　响南乡并入响水镇。

7月19日　响水镇与上海汇达集团签订3000万元针织制衣厂项目。

9月20日　投资3000万元的盐城苏源豪威富铜业有限公司在响水镇破土动工。

9月26日　响水县城地面水厂举行奠基仪式。

2002年

2月26日　响水镇与上海泰日针织服装厂签订合同，合作兴建投资3000万元盐城泰日实业有限公司。

3月19日　“千株大树进县城”绿化工程启动。

6月9日　响水镇举行招商引资项目集中签约仪式，总投资额3.9亿元。

7月12—18日　县城德路桥西100米处灌河堤先后发生4次崩塌。12日晨5时30分首次崩塌30米长、4米宽、5米深的陡坡，此后又发生3次崩塌，面积4350平方米。险情发生后省、市、县水利专家汇聚灌河堤，测量、察看、分析、会商造成灌河堤段崩塌原因，通过采取抛石固基、卸载减荷、打桩防滑、筑堤防护、拆迁房屋等措施，控制险情。

7月16日　江苏题桥纺织制衣有限公司举行奠基典礼，9月6日举行厂房建设开工典礼。

2003年

7月1日　题桥纺织印染有限公司第二期工程举行开工典礼。二期工程新上3.5万锭纺织项目、针织羊毛衫第二车间，建筑面积7万平方米，总投资1.2亿元。

9月7日　响水县洪仁技校被省政府命名为下岗职工再就业劳动输出培训基地。

响水镇被评为盐城市文明镇，城南居委会被评为盐城市文明村。

2004年

7月28日　响水镇新亿元商贸城开业。

2005年

1月18日　响水镇城南农贸市场开业。

响水镇被盐城市委、市政府评为全市农民增收十大排头镇。

2006年

2月　响水镇被盐城市政府评为环境优美镇。

9月20日　响水镇举行“文明诚信示范街”建设启动仪式。

响水镇被评为盐城市文明镇。

2007年

12月10日　韩培信偕夫人及长子李建华在响水召开首届韩培信扶持响

水孤儿贫困学生教育基金会理事会，江苏省慈善总会会长俞兴德陪同。

响水镇党校被江苏省委宣传部、组织部评为（2004—2007年）先进基层党校。

2008年

2月23日　上兴村村民王得付被评为江苏省道德模范。

7月26日　原南京军区司令员朱文泉上将、原济南军区副司令员张鹤田中将一行在响水视察清华园小区。

△　省水利厅厅长吕振霖、副厅长陆永泉一行视察指导灌河堤建设工作。

8月29日　响水县举行通榆河大桥通车典礼。

9月14日　上兴村村民王军当选2008年感动浙江十大民工。

10月18日　响水县举行“裕廊大桥”冠名仪式。

响水镇被盐城市政府评为消防工作先进集体。

响水镇被盐城市委、市政府评为实施“牵手致富”工程先进单位。

2009年

5月6日　响水县举行城市公交开通仪式。

5月　响水镇被江苏省总工会授予工会工作模范乡镇。

6月5日　江苏省水利厅厅长吕振霖一行在响水指导通榆河北延送水工程建设工作。

10月10日　江苏省水利厅在响水镇举行灌河地涵顶管全线贯通仪式。

10月22日　响水亚邦大酒店举行开业典礼。

10月28日　响水镇城南安置区举行开工典礼。

12月31日　响坎河大桥改造工程竣工通车。

响水镇被盐城市委授予村镇规划建设管理工作先进集体。

2010年

1月8日　省水利厅厅长吕振霖、副厅长陆永泉等检查通榆河北延送水工程建设工作。

4月16日　灌河风光带项目举行开工奠基仪式。中华全国总工会原副主席方嘉德、中央办公厅后勤服务保障局局长黄克思应邀出席。

2011年

4月18日　响水县举行县城地面水厂二期扩建工程开工仪式。

响水镇被评为盐城市文明镇。

响水镇被生态环境部命名为国家级生态镇。

2012年

6月　响水镇被盐城市委表彰为先进基层党组织。

8月10日　响水县城总降水量511毫米，县城普遍受淹，积水最深处达1.5米。盐城市委书记赵鹏等在响水视察指导防汛抗灾工作。

响水镇被盐城市委、市政府授予文明镇标兵称号。

2013年

12月　响水镇被江苏省民政厅评为和谐社区建设示范镇。

响水镇被盐城市委、市政府授予民生幸福和社会事业工作奖。

响水镇获盐城市社会管理创新和信访稳定工作奖。

2014年

响水镇被江苏省委、省政府表彰为社会治安综合治理先进集体。

响水镇启动五河片区工业园区建设。

2015年

6月　响水镇被盐城市委、市政府、市军分区表彰为双拥模范镇。

响水镇被省妇联表彰为2011—2015年江苏省实施妇女儿童发展规划示范乡镇（街道）。

2016年

9月24日　响水县文化艺术中心举行开工仪式。

9月　响水镇被评为江苏省文明镇。

11月22—23日　22日13时40分境内开始下雪并形成积雪，至23日5时，雨雪量4.2毫米，积雪深度4.3厘米。最低气温-2.0℃，最高气温2.6℃，县城最大风速每秒14.1米（7级）。初雪时间自响水县1965年有气象记载以来，仅次于1997年11月16日。

2017年

响水镇被盐城市人大常委会表彰为人大工作先进集体。

响水镇被盐城市纪委、监察局、社会保障局表彰为市纪检、监察工作先进集体。

灌河创客孵化园被评为省级众创空间、全国农村创业创新园区（基地）。

2018年

响水镇被江苏省委、省政府表彰为江苏省2015—2018年度社会治安综合治理先进集体。

响水镇获评江苏省生态文明示范镇。

2019年

10月　西园社区获评省文明委（2016—2019）文明社区。

△　响水镇关工委获评省校外辅导站特色活动品牌创建特等奖。

△　响水镇退役军人服务站获评江苏省退役军人事务厅“信息采集”工作先进集体。

△　肖立友获评江苏省“老书记精神传承”——“十佳百名”示范村书记。

响水镇被盐城市委、市政府表彰为脱贫攻坚先进集体。

灌河创客孵化园被评为江苏省创业示范基地。

2020年

3月　灌河创客孵化园被评为国家级众创空间、江苏省级星创基地。

7月　五河新型农村社区获评江苏省第三批次特色田园乡村。

10月　响水镇校外教育中心辅导站被江苏省文明委、关工委评为江苏省优秀校外教育辅导站。

2021年

6月　西园居委会书记张红被评为市优秀共产党员。

12月　城南社区被江苏省政协评为优秀协商议事室。

2022年

6月　苗寨村村民秦凯被评为江苏好人。

10月　苗寨村村民秦凯被评为江苏省最美救护员。

城东社区被省商务厅评为数字商务试点社区。

东园社区被评为江苏省2019—2021年度文明社区。

2023年

2月　彭加锦、张红被评为国家生态文明建设示范区创建工作先进个人。

3月　盐城费氏食品有限公司获盐城市市长质量奖。

5月　响水镇健身腰鼓队在全国农村社会体育指导员交流展示大会上获评健身操舞一等奖。

5月　百汇广场被评为盐城市级特色夜市街区。

9月　响水镇被江苏省自然资源厅表彰为省级耕地保护激励单位。

△　响水镇被盐城市委、市政府评为平安建设和维护社会稳定工作突出集体。

10月　响水镇被评为盐城市级文明镇。

11月　响水镇灌河创客孵化园获全国第四届创业大赛组织奖。

△　城东、城南、南园社区居委会创成盐城市级便民一刻钟社区。

12月　响水镇被盐城市委宣传部、市委组织部评为基层党员冬训先进集体。

苗寨村被评为江苏省宜居宜业和美乡村。

响城新貌东鸣湖（2021年12月） 贾洪军摄

响水湖（2023年8月） 贾洪军摄

编后记

2016年年底，江苏省地方志编纂委员会办公室启动全省名镇名村志编纂工作。2023年11月，中共响水镇委员会、响水镇人民政府组织筹划《江苏名镇·响水镇志》编纂工作，成立《江苏名镇·响水镇志》编纂领导小组和编纂委员会，并抽调相关人员组成编写组，在主编统一指导下开展工作。

根据江苏名镇志编纂要求，结合响水镇经济、政治、文化、社会、生态发展等方面的特点亮点，编写组制订了该志的基本篇目，重点围绕镇情概览、美丽城乡、区域振兴、文明创建、红色印记、灌河文化、知味响水、名镇名人等方面收集历史资料、组织编写。为展示近年来镇党委、政府实施乡村振兴战略、加强农村生态环境建设成果，特将“区域振兴”单独成篇，全面、真实地记录了五河片区开发工作及取得的成效。编写组按照响水镇历史沿革、区划调整这根主线，力求真实、全面、系统地反映1966年4月建县、2001年6月响南乡撤销、2023年2月两次区划调整时的经济状况与社会风貌。

在镇志编纂过程中，编写组按照全媒体志书的要求，广泛征集图片和音视频，并聘请专业摄影人员补拍相关图片及视频，创新版面设计，精雕细琢图文，着力呈现最美响水镇，力求志书“时尚”“立体”，具备“美感”“动感”，适应现代阅读潮流。到11月全书正式定稿排版时，志稿文字压缩为13.2万字，增加图片139幅、视频16条。

在编纂工作中，编写人员深入企业、村居走访座谈，对收集的资料进行鉴别考证，确保内容的真实性和准确性。编写人员精细打磨，精益求精，通过不断修改、调整、补充，志稿分别于2024年7月、10月、11月通过响水县地方志编纂委员会办公室、盐城市地方志编纂委员会办公室、江苏省地方志工作办公室审核验收。

在《江苏名镇·响水镇志》的编纂出版中，江苏省地方志工作办公室、盐城市地方志编纂委员会办公室、响水县地方志编纂委员会办公室及镇党委政府高度重视，给予了热情的指导与帮助，有关企事业单位和人员在资料收集、照片提供等方面大力支持，在此谨表谢意。

由于编者水平有限，加之时间仓促、志书内容时间跨度较长，疏漏、谬误之处在所难免，敬请专家学者及广大读者批评指正。

《江苏名镇·响水镇志》编纂委员会

2024年11月